Gerald Hüther, Wolfgang Roth,
Michael von Brück (Hg.)

Damit das Denken Sinn bekommt

HERDER spektrum

Band 5984

Das Buch

Macht Denken Sinn? Wie können sich Spiritualität und Ratio begegnen? Und geht das überhaupt zusammen – Gefühle und Wissenschaft? Na logisch! Wir müssen uns nur vom Dogma eines allein rational begründeten Handelns verabschieden. Der Mensch ist viel mehr als Logik und Vernunft. Geist, Seele und Hirn sind untrennbar verbunden. Denn Denken und Fühlen sind nur zwei Seiten derselben Medaille. Um dieses Potenzial zu nutzen, müssen wir bei uns selbst beginnen: Erziehung zur Selbstgestaltung ist der Weg in die Zukunft. Ob als Individuum oder in der Gemeinschaft: nur ein Zusammen von Spiritualität und Denken, von Fühlen und intuitivem Erfassen verleiht unserem Dasein Sinn – einen Sinn, der auf Werten gründet.

Dass damit auch unsere gegenwärtige Pädagogik radikal infrage gestellt wird, ist deutlich. Denn Erziehung kann nur gelingen, wenn der ganze Mensch im Blick ist. Ein Buch über Erziehung und die Zukunft des Menschen. Was Neurobiologen, Entwicklungspsychologen, Religionswissenschaftler und Pädagogen über den Zusammenhang von Geist, Seele und Hirn fürs Lernen und Leben sagen – für alle, die wissen wollen, wie es mit uns weitergehen kann.

Die Herausgeber

GERALD HÜTHER, geb. 1951, Professor für Neurobiologie und Leiter der Zentralstelle für Neurobiologische Präventionsforschung der Psychiatrischen Klinik der Universität Göttingen.

WOLFGANG ROTH, geb. 1939, Diplompsychologe, bis 2004 Professor an der PH Freiburg i. Br., Lehraufträge an den Universitäten Gießen und Verona.

MICHAEL VON BRÜCK, geb. 1949, Professor für Religionswissenschaft an der Universität München, Yoga- und Zen-Lehrer. Bei Herder: Ewiges Leben oder Wiedergeburt? Sterben, Tod und Jenseitshoffnung in europäischen und asiatischen Kulturen (Band 29599)

Damit das Denken Sinn bekommt

Spiritualität, Vernunft und Selbsterkenntnis

Mit Texten des Dalai Lama

Herausgegeben von
Gerald Hüther, Wolfgang Roth
und Michael von Brück

HERDER
FREIBURG · BASEL · WIEN

Originalausgabe

www.herder.de

Umschlagkonzeption und –gestaltung:
R·M·E Eschlbeck / Botzenhardt / Kreuzer
Umschlagmotiv: Paul Klee, 225 Segelschiffe (Detail), 1927

Herstellung: fgb · freiburger graphische betriebe
www.fgb.de

Gedruckt auf umweltfreundlichem, chlorfrei gebleichtem Papier
Printed in Germany

ISBN 978-3-451-05984-1

Inhaltsverzeichnis

Vorwort

Ist Denken nicht an sich sinnvoll, insbesondere logisches Denken? Beileibe nicht, wie wir alle schon erfahren haben: »Das ist doch Unsinn, was du da sagst!«, »Deine Begründung ist nicht stichhaltig, nicht nachvollziehbar!« – Also hatte das hinter der Aussage stehende Denken nach *unserer* Erkenntnis »keinen Sinn«, war eben Unsinn oder bestenfalls für den Sprecher subjektiv sinnvoll. Wann aber sind Denken und Reden sinnvoll? Wann und wodurch erhält das Sagen, Denken und Handeln (s)einen Sinn?

Das ist die Frage, der wir uns mit diesem Band stellen. Und wir *müssen* uns ihr stellen, da vieles von dem, was wir denken und sagen, gefährlich sinnlos ist: Mit großer Spannung verfolgen wir die Diskussionen um die Genforschung, die Umweltpolitik, den Biosprit oder den Streit um den religiösen Fundamentalismus. Die vornehmste Fähigkeit des Menschen, das Denken, hat es nicht verhindert, dass wir immer wieder kurzsichtige Fehler begehen. Die Ergebnisse unseres Forschens und auch die des weltanschaulichen, moralischen und religiösen Suchens scheinen nicht globalisierungsfähig zu sein. Die im zeitlich und räumlich eng umgrenzten Rahmen erreichten Fortschritte haben sich auf Dauer und weltumspannend als höchst problematisch erwiesen, so dass ihre Vorteile mehr als nur zunichtegemacht wurden. Das Atomkraftwerk in Tschernobyl war zwar für die regionale Energieversorgung gebaut, seine radioaktive Wolke aber hat weite Teile Europas erreicht, und die Klimaerwärmung bedroht nicht nur die Industrieländer, die dafür verantwortlich sind. Alles ist mit allem verwoben. Unser analytisches Denken zeigt bei allem erreichten Fortschritt nun auf erschreckende Weise seine Begrenztheit, und wir werden uns anzustrengen haben, die Geister wieder in einen allgemeinen Sinnhorizont einzufangen, der eine verlässliche Basis des Handelns in einer globalen Welt sein kann.

Die Aufgabe, nach Möglichkeiten des sinnvollen Weiterlebens auf der Erde zu suchen, lässt sich nicht delegieren – sie stellt sich allen Wissenschaften und allen Individuen. Jeder Einzelne und alle unsere Fähigkeiten sind gefordert, denn es geht nicht um Kurskorrektur oder Reparatur, sondern um die Entwicklung und Realisierung neuer Lebensformen! Als Zelle in einem Organismus haben wir alle unser Handeln auf das Ganze auszurichten. Schon eine einzige Krebszelle kann der Beginn seiner Zerstörung sein. Also haben wir herauszufinden, was das Ganze ist und wo darin unser Platz ist. Auf dem Kongress »Wissenschaft und Spiritualität« im Sommer 2007 in Freiburg, der im Zusammenhang mit dem Besuch des Dalai Lama stand, trafen sich Biologen, Genetiker, Mediziner, Pädagogen, Philosophen, Psychologen, Religionswissenschaftler und Soziologen, um sich über die Grenzen ihrer Disziplin hinweg zu verständigen. Ihr Gespräch ist nicht abgeschlossen, sondern hat gerade erst begonnen.

Die einzelnen Beiträge beschäftigen sich mit folgenden Aspekten: Die Einleitung klärt, welche Bedeutung der Sinn für uns hat, was unter Spiritualität verstanden werden kann und plädiert dafür, beides als zentrale Aspekte des Menschlichen und als Potenz für die Lösung unserer Probleme und die Entwicklung neuer Lebensformen zu nutzen. Im 1. Kapitel werden im Beitrag von *Gerald Hüther* die neurobiologischen Grundlagen der Spiritualität geklärt. Anschließend geht *Daniel Siegel* auf das Verhältnis von Geist, Physiologie und sozialer Bindung ein. Die Bedeutung der Sinnfrage und der Spiritualität in der Psychologie wird anschließend von *Wolfgang Roth* erörtert. Im 2. Kapitel versucht *Harald Walach* zunächst, das Verhältnis von Wissenschaft und Spiritualität prinzipiell zu klären. Die Betrachtung gesellschaftlicher Aspekte schließen sich im Beitrag von *Antonin Wagner* an. Im

3. Kapitel zeigt *Claudio Naranjo* auf, welchen Weg wir nehmen könnten, um die von ihm als Krankheit bezeichnete gegenwärtige Form der Zivilisation zu überwinden. Er umreißt dabei ein radikales Erziehungskonzept. *Michael von Brück* schließt sich mit expliziter Richtungsweisung für eine veränderte Lebensführung an. Im 4. Kapitel erfolgt die Differenzierung: *Heinrich Dauber* stellt die Fragen zur Selbsterkenntnis in den Lebensphasen und *Helmut Wetzel* und *Katharina Martin* zeigen schließlich Möglichkeiten auf, wie wir spirituelle Techniken zur Selbsterkenntnis entwickeln und üben können.

Zwischen den Kapiteln haben wir mit freundlicher Genehmigung des Tibet-Kailash-Hauses in Freiburg i. Br. Teile der Rede Seiner Heiligkeit des 14. Dalai Lama aufgenommen, die er anlässlich seines Besuches in Freiburg zum Thema Erziehung und Selbsterkenntnis gehalten hat.[1]

Die Herausgeber

Einleitung

Wolfgang Roth

Ist die Aufklärung gescheitert? Zumindest hat sich die Vernunft letztlich nicht als erfolgreiches Mittel der Emanzipation, der Befreiung »des Menschen aus seiner selbst verschuldeten Unmündigkeit« (Kant 1783) erwiesen. Kants aufgeklärte Position, die in der Tradition Sokrates' die Orientierung der Menschen an der Vernunft betont und ihr auch die Religionen unterordnet, hat uns die Überwindung ideologisch-religiöser Machtstrukturen, die Befreiung von Ängsten vor irrationalen Mächten, den wissenschaftlichen Fortschritt und eine damit verbundene Lebenserleichterung in den Industrieländern gebracht. Aber nun scheinen wir an einem Punkt angelangt zu sein, an dem sich zeigt, dass wir nicht nur Lösungen, sondern auch Probleme produzieren, deren Größe und Folgen wir nicht übersehen. Es ist inzwischen sogar nicht mehr klar, was Logik, was Vernunft und Erkenntnis über die Kulturen hinweg sind und was als Grundlage des Handelns gelten kann. Und damit ist auch der aus der Aufklärung und der Vernunft des Menschen abgeleitete Versuch der UN, durch die Deklaration der Menschenrechte eine universelle Minimalordnung zu installieren, zur westlich-regionalen Veranstaltung verkommen und vom Scheitern bedroht: Das Denken kann aus sich selbst heraus nicht den Sinn dessen generieren, für das es eingesetzt werden soll. Es braucht eine übergeordnete Instanz, die dem Denken, Suchen und Forschen Struktur und Ziel verleiht. Insbesondere die Fundamentalisten westlicher oder östlicher Prägung haben dies erkannt und wollen die Sinn- und Wertelücke durch die notfalls gewaltsame Universalisierung *ihrer* Werte, ihrer Rechtsordnung und Sinngebung überwinden. Der unweigerlich blutige Sieg einer Ideologie, einer Rechtsordnung oder Staatsform über die andere wird aber kein Fundament eines dauerhaften Friedens und Weltorganismus ergeben. Wenn schon nicht mit Vernunft, so lässt sich Sinn erst recht nicht mit Macht erzeugen.

Das aus dieser Einsicht erwachsene alternative Bemühen, die unüberwindlichen Positionen aufzugeben und nach den gemeinsamen *Interessen* zu fragen, setzt voraus, den universalistischen Anspruch von Wahrheit ganz allgemein aufzugeben. Der Erkenntnis aber, dass Wahrheiten immer nur subjektive Konstruktionen sind, deren Austausch erst eine Konvergenz auf gemeinsame Perspektiven und Interessen erbringen können, steht die weitverbreitete Angst entgegen, mit der Relativierung der eigenen Sicht auch die Identität und letztlich sich selbst zu verlieren. Tatsächlich scheint eine wirkliche Verständigung nur möglich, wenn zumindest teilweise die eigene Identität zu Gunsten einer universalistischen aufgegeben wird. Das aber ist kein logisches, sondern ein emotionales Problem.

Denken und Fühlen sind keine unabhängigen Größen, sondern zwei Seiten der Medaille »Erkennen«, auf die sich unser Handeln gründet. Viele Psychologen (auch ich) sind davon überzeugt, dass die Emotionen eine wesentlich größere Rolle bei Entscheidungen spielen als die Ratio (siehe etwa die zusammenfassende Darstellung bei G. Roth 2007). Emotionen wiederum sind nichts Einheitliches, sondern ein Sammelbegriff für all das, was man auch als »transrational« bezeichnen kann. Das umfasst auch Ahnungen, Hoffnungen, tiefgründiges Gespür für sich selbst und die Verbundenheit mit dem, was uns umgibt. Aus der Vernunft lässt sich vielleicht ein allgemeiner Verhaltenskodex im Sinne des Kategorischen Imperativs ableiten. Seine Umsetzung aber kann offensichtlich erst gelingen, wenn auch diese transrationalen Aspekte einbezogen werden, in die das Denken eingebettet ist.

Wir müssen also unser Denken in zwei Richtungen transzendieren: einerseits in Richtung Gefühl, andererseits in Richtung übergeordneter Wertsetzung. Die Schwierigkeiten, die sich in der gegenwärtigen Phase der Globalisierung ergeben, liegen vor allem in dem *Erlösungsmythos*, der den technischen Fortschritt – auf der Basis unserer Vernunft – umgibt. Aber auch bei dessen Relativierung bleibt das unterschiedliche und kulturbedingte Verständnis vom Menschen, von Gesellschaften und von der Welt als Ganzer. Dieses Verständnis ist emotional verankert und mit Wertsetzungen verbunden, so dass die Verständigung der Menschen untereinander kein *logisches* Problem ist: Solange nicht alle Menschen in ähnlicher Weise denken, fühlen und handeln, bleibt es zwar sehr spannend; gleichzeitig aber bleibt die Subjektivität der eigenen Erkenntnis und Sinngebung sichtbar und eine Dissonanz, eine Ungereimtheit, eine durch die Andersartigkeit der Anderen gefühlte Bedrohung. Der »Ausweg« aus der weitgehend selbstverschuldeten Krise liegt also – das lässt sich auf der Basis der bisherigen Analyse bereits sagen – in einer Entmystifizierung des technischen Fortschritts als Glücksbringer und im emotional-moralischen Wachsen der Menschen, das die Verschiedenartigkeit aller auszuhalten vermag.

Unsere evolutionäre Ausstattung ermöglicht nicht nur eine Verständigung auf verbal-rationaler, sondern vor allem auf emotionaler Basis. In einem sehr komplexen Verständigungs- und Austauschprozess sind wir in der Lage, die Stimmungssignale, die eine Umwelt aussendet, aufzunehmen und in angepasste Verhaltensweisen umzusetzen. In einer aggressiven Familie und Kultur etwa werden die Kinder – bedauerlicherweise – angepasst aggressiv und entwickeln diese ihre (Un-)Kultur im erfahrenen Sinne weiter. Inzwischen werden sogar diejenigen, die nicht mit Videospielen und ihren vielfach brutalen Inhalten beschäftigt sind, als nicht angepasst und als sozial nicht in die Gemeinschaft von Jugendlichen integriert angesehen (Olson/Kutter 2008). In einer friedlichen Kultur werden die Kinder sich ebenfalls anzupassen versuchen und damit eine entsprechende Kultur auch durch ihr Verhalten weiter stabilisieren. Die Epigenetik – d. h. die Art und Weise, wie die genetische Struktur des Individuums durch frühe Erfahrungen in seiner Entwicklung moderiert wird – ist die physiologische Basis dieser Zirkelprozesse (z. B. Bauer 2006). So wachsen in einer Lebensgemeinschaft Individuen heran, die sich auf Grund ihrer Sozialisation relativ ähnlich sind und fühlen, wodurch die Kommunikation und das Zusammenleben in ihrer Gemeinschaft erleichtert wird. Diese epigenetische Ausstattung wird ergänzt durch eine Sensibilität für aktuelle Stimmungen, die in der Psychologie als »soziale Ansteckung« bezeichnet wird und bei Paniken gefürchtet ist (Blumer 1975 in Perry/Pugh 1978, 30–33).

Diese beiden Abstimmungsmechanismen der Individuen innerhalb eines Familienverbandes und in einer überschaubaren Gruppe ermöglichen in einer unüberschaubaren und abstrakten Weltgemeinschaft und in einer Mediengesellschaft eine gigantische Verführung. Hitler hätte ohne den Volksempfänger, über den er zu allen »Volksgenossen« bis in den letzten Winkel des Reiches sprechen konnte, kaum solche Macht entfalten können. Auch heute noch greifen wir die Stimmungen auf, die wir von den Medien empfangen. Sie sind die modernen »Führer«, die früher und ohne diese technischen Möglichkeiten über einen kleinen Verband nicht hinausgekommen sind. Journalisten wollen uns vielleicht nicht verführen. Sie berichten aber von dem, was ihrer *Vermutung* nach die Menschen interessiert. Damit werden wir Opfer journalistischer Projektion. Hinzu kommt die wirtschaftliche Notwendigkeit hoher Einschalt- oder Leserquoten, die sich vor allem mit Sensations- und Horrormeldungen erreichen lassen. Wir sind von unserer Natur her darauf ausgerichtet, vor allem das Bedrohliche zu beachten. Dass wir von den gemeldeten Ereignissen alleine wegen der großen Distanz letztlich gar nicht tangiert werden, wird durch ihre bildhafte Präsenz in unseren Wohnzimmern übersehen. Die Vernunft ist also weitgehend ausgeschaltet, so dass wir unbemerkt in einen Zirkel gleiten: Die als gefährlich dargestellte Welt löst entsprechende Reaktionen unsererseits aus, durch die die Welt nun tatsächlich gefährlich wird. Wir glauben, uns schützen und »verteidigen« zu müssen, wodurch erst die Gewaltphantasien, die Hochrüstung, die Präventivschläge und Kriege entstehen.

Von mindestens gleicher Dramatik dürfte die ebenfalls durch die Massenmedien erst möglich gewordene Ausrichtung von immer mehr, auch alten (östlichen), Kulturen auf das Konsumparadigma sein: Wir kennen fast schon keine andere Form der Selbstverwirklichung mehr als die durch Besitz und Konsum. Sie begründet den Rahmen und die Formen der Begegnung der Menschen; sie begründet aber auch die Gier, die Maßlosigkeit und den Streit, durch die nicht nur die Ressourcen der Erde zerstört werden, sondern auch der Gemeinsinn und die Phantasie, wie wir mit weniger ein Mehr an Individualität, an Glück und Menschlichkeit erreichen (Barber 2008). Man muss nicht an Verschwörungstheorien glauben, sondern lediglich an Berlusconi denken, um zu erkennen, dass sich das Geld und der Einfluss weniger Mächtiger in der Ausrichtung der Medien und in der Verstärkung dieses Trends niederschlagen.

Wir suchen also immer wieder nach einer Einheit, nach Verständigung. Das wird umso schwieriger, je größer die Gemeinschaft wird. Konsum, Brutalisierung und Technikfortschritt aber haben sich als höchst problematische Formen einer Verständigungs- und Lebenskultur erwiesen.

Das Ziel

Sich von der rationalen Intelligenz alleine eine größere Überlebenschance zu erwarten, ist bei näherer Betrachtung der Menschheitsgeschichte und bei Berücksichtigung der vorstehenden

Erläuterungen unrealistisch. Nicht umsonst sind Begriffe wie »emotionale Intelligenz«, »soziale Intelligenz« oder gar »kommunikative Intelligenz« als notwendige Ergänzung zur rationalen Kompetenz en vogue. Deren Förderung, und infolgedessen die Relativierung des Erlösungsmythos »technischer Fortschritt« als Glücks- und Heilsbringer, könnte man als erstes Ziel auf der individuellen Ebene definieren. In fernöstlichen Kulturen gibt es seit jeher Techniken, den Geist, die Emotionen und soziale Aspekte gleichermaßen anzusprechen und zu trainieren. Aus ihrer Erfahrung als Handelsvölker haben sie eine kosmopolitische Kultur der Gelassenheit und Friedfertigkeit entwickelt, die meines Erachtens der Formel von Bentham (1748–1832) vom »größtmöglichen Glück für die größtmögliche Zahl von Individuen« recht nahekommt.

Es handelt sich hierbei um eine höchst rationale Angelegenheit. Denn die Frage wird gestellt, was ich wirklich brauche, wie viel Ressourceneinsatz notwendig ist, damit ich und alle anderen glücklich werden können. Andererseits ist dieses Vorgehen *transrational*, denn es verfolgt sein Ziel nicht mit intellektuellen Mitteln. Vorbilder könnten die fernöstlichen Kulturen des Buddhismus, Hinduismus, Taoismus, Zen usw. sein, die allesamt tendenziell weniger darauf ausgerichtet sind, sich die Erde »untertan« zu machen und sie zu nutzen bzw. auszunutzen. Stattdessen wollen sie das irdische Leid verringern, indem sie die Abhängigkeit des Menschen von Besitz und Konsum reduzieren und dieser sich der Natur anvertraut. Auch in christlichen Klöstern wurde und wird dieser Weg beschritten und die universelle Erkenntnis umgesetzt, dass auch die transrationalen Kräfte, die bei uns seit der Aufklärung und dem Obsiegen der exakten Wissenschaften über die »Unvernunft« verpönt sind, für ein umfassendes Verständnis vor allem *des Menschen selbst* und der Welt für die Glücks- und Heilssuche von großem Nutzen sind. Sie stehen damit dem in der Evolution vorherrschenden Prinzip der Ökonomie näher, nämlich mit möglichst geringem Aufwand und Ressourceneinsatz die individuellen und kollektiven Ziele zu erreichen. Inzwischen können wir über den Umweg eines sehr hohen wissenschaftlich-technischen Aufwandes sehen, dass diese Formen der Glücksrealisierung bei geringstem Ressourcenaufwand durchaus effektiv sind: Die neueren Verfahren in der Neurobiologie und -psychologie erlauben einen Blick in die Vorgänge beim Meditieren. Sie ermöglichen es, das Verständnis vom Menschen zu vertiefen, ohne den naturwissenschaftlichen Anspruch der Gründlichkeit, Exaktheit und Kontrollierbarkeit aufzugeben (Singer/Ricard 2008). Hier gibt es also interessante Konvergenzen zwischen alter Erfahrung und junger Wissenschaft, die beide zu dem Ergebnis kommen, dass die *Selbstgestaltung* der Weg zum Glück ist und nicht die Veränderung unserer Umwelt. Unser nach außen gerichtetes und intellektuell geleitetes Suchen ist durch ein Suchen nach *innen* und durch die Einbeziehung unserer transrationalen Kräfte zu ergänzen. Auch wenn wir nie ganz unabhängig von äußeren Einflüssen werden, so ist es möglich, sie stärker zu kontrollieren. Wir können uns äußere Bedingungen etwa in der Stille schaffen, so dass wir weitgehend unabhängig von dem Außen werden und nach uns selbst suchen können: nach dem, wer wir sind und wer wir sein wollen.

Die Humanwissenschaften, denen diese Fragen wichtig sein sollten, beschäftigen sich vorwiegend mit *äußeren inneren* Aspekten unseres Seins: Sie beschäftigen sich mit unserer Gesundheit, mit den Körper- und Geistesfunktionen etc., also mit naturwissenschaftlichen Aspekten des Menschen. Die »metaphysischen«, die *inneren inneren* Aspekte hingegen, die sich mit dem beschäftigen, was den Menschen über seine Körperlichkeit hinaus ausmacht, bleiben dem üblichen Wissenschaftsparadigma entsprechend weitgehend ausgeklammert. Ich werde jedoch zeigen, dass es psychologische Richtungen gibt, die diesen Aspekt zum Zentrum ihres Verständnisses vom Menschen machen. Der

Glaube an das »Positive« allerdings – an das, was wir sehen und physikalisch dingfest machen können – ist so stark in unserer westlichen Kultur verankert, dass wir auch uns Menschen in erster Linie als naturwissenschaftliches Phänomen sehen. Und so richten sich auch die Erwartungen an die aufblühenden Neurowissenschaften in erster Linie darauf, nun endlich auch die Seele physiologisch fassbar zu machen und das Metaphysische auf das Physische zurückzuführen – als hätten wir Angst vor dem unbestimmten, nicht fassbaren, unerklärlichen Teil in uns selbst. Lieber nehmen wir die Vorstellung, wir seien Apparate, in Kauf, als uns als nicht begreifbar begreifen zu müssen. Dass wir uns aber als das Undefinierbare und Andere in seiner Vergänglichkeit aushalten können, scheint mir die Voraussetzung dafür zu sein, dass wir die Definition unserer selbst durch das rein Äußere, den Komfort und Konsum, überwinden. Damit wäre auch das auf diese Unwerte gerichtete, letztlich zerstörerische Leben selbst überwunden. Zur »Rettung« der Welt stellt sich dann nicht mehr die Frage nach der *Effizienz* unseres Denkens und Handelns, sondern die nach der *Suffizienz*: Was benötigen wir unabhängig von unserer Konsumkultur wirklich, um uns als Menschen und als Individuen zu realisieren?

Wir erkennen uns vor allem aus dem Vergleich mit und der Ahnung vom Ganzen, in das wir eingebettet sind. Es ist also zu erwarten, dass sich ein neues (Selbst-)Verständnis der Menschen ergibt, wenn diese von vielen ausgehaltene Unsicherheit und die transrationale Ahnung von einem selbst und der Welt kommuniziert und damit *transpersonal* wird. In der Offenheit aller Menschen gegenüber anderen lassen sich die Grundkomponenten des Menschlichen – Geborgenheit, Verstanden- und Angenommenwerden, Begegnung und Aktivität, Freiheit und Selbstbestimmung, Frieden, Wohlergehen usw. – leichter artikulieren und ihnen gemäße Lebensformen entwickeln. Schon die einfache Frage danach, wie jemand möchte, dass sich sein Gegenüber in einem Gespräch verhält, offenbart das universelle Bedürfnis nach Respekt, Beachtung und Unterstützung. Unsere Untersuchungen zum Wunsch von Schülern hinsichtlich des Lehrerverhaltens ergab in ganz unterschiedlichen Ländern ähnliche Vorstellungen (Acar 2003; Roth 2006a). Menschen wollen letztlich unabhängig von nationalstaatlichen, Zeit- oder Altersgrenzen menschlich behandelt werden. Wir brauchen Kommunikationsformen, in denen eine substanzielle Mitteilung über einen selbst, ein Verstehen der anderen und ein auf ein Ganzes bezogener Austausch möglich wird. Welch wunderbare Kultur können wir aufbauen, wenn wir uns nicht nur über Äußerliches austauschen, sondern über den Reichtum, den wir bei geübter Innenschau erfahren können.

»Sinn« hat also verschiedene Aspekte. Damit ist zunächst der subjektive und in erster Linie rationale Begründungszusammenhang für das Selbst- und Weltverständnis gemeint. Als zweiter Aspekt wäre der emotionale Anteil zu sehen, in den die intellektuelle Sinndeutung eingebettet ist. Weiterhin wäre die intersubjektive Sinngebung zu nennen, in der die verschiedenen Sinndeutungen miteinander kommunizieren und zu übergeordneten Deutungen kommen. Und letztlich wäre dieser intersubjektive Aspekt auf emotionaler, transrationaler Ebene zu sehen, so dass sich ein kollektives und tief reichendes Erahnen vom Sinn seiner selbst im Weltverbund ergibt. All diese im nachfolgenden Schema dargestellten Aspekte zusammen genommen möchten wir vorläufig als *Spiritualität* bezeichnen:

Vier Perspektiven von »Sinn«, die zusammen genommen Spiritualität ergeben können:

	individuell, intrasubjektiv personal	*kollektiv, intersubjektiv transpersonal*
rational	1 bewusste Wahrnehmung, Erkenntnis seiner selbst, bewusste Zielsetzung	3 gemeinsam auf ein Ziel gerichtet: »Gemeinsinn«, Kategorischer Imperativ
transrational emotional	2 umfassendes, tiefes Verstehen und Gespür seiner selbst, z. B. durch Achtsamkeit, Meditation	4 Kommunikation auf spiritueller Ebene: Verschmelzung mit anderen, mit Gott, mit dem Kosmos

In allen vier Aspekten kann man aber nur dann von Sinn sprechen, wenn sich die Wahrnehmung, die Ziele etc. auf das übergeordnete Ganze und seine Struktur beziehen – auf das Ganze des Individuums, auf das Ganze eines Kollektivs bis hin zum Universum. Es zeigt sich, dass die Felder 3 und 4 sehr umfassende, in sich wiederum gestufte Bereiche sind: Die Familie wäre ein kleines Kollektiv, mit dem das Individuum rational oder transrational verbunden sein kann. Transzendenz, Gott und das Universum wären die weitesten und breitesten Kollektive, auf die hin eine spirituelle Entwicklung denkbar ist. Auf die weiteren Differenzierungen und Entwicklungsstufen zu einer umfassenden Spiritualität, wie sie Wilber (2007) aus den verschiedenen Kulturen zusammenstellt, sei hier nur hingewiesen.

Unser Ziel ist die kontinuierliche *Erweiterung* des Wahrnehmungsspektrums in allen vier Bereichen, um auf der Basis umfassender Erkenntnis auch ein umfassend verantwortliches Handeln oder Nicht-Handeln zu erreichen. Dabei werden wir auf die Genügsamkeit, auf die Bescheidenheit und auf das stoßen, was wir – im Gegensatz zur Effizienz – als Suffizienz bereits erwähnt haben. Würden möglichst viele Menschen dieses Prinzip »achten«, es sich »zu Herzen nehmen«, so würde ein Trend zur Umkehr und Einkehr entstehen, der im echten Sinne als spirituell und erlösend bezeichnet werden kann. Wir halten das so verstandene und vom Menschen auf sich selbst angewandte Ökonomieprinzip als Leitprinzip unseres Handelns für genauso wichtig wie den Kategorischen Imperativ Kants. Aber für beide Prinzipien gilt, dass ihre effektive Nutzung nicht nur eine innere Bereitschaft und moralische Größe verlangt, sondern auch eine höchst differenzierte Wahrnehmung, wie sie nur in der Spiritualität im beschriebenen Sinne und Umfang erreicht wird.

Der Weg

Am Ende stellt sich die entscheidende Frage, wie wir zu einer solch umfassenden Spiritualität, zur Ganzheit von Denken, Fühlen, intuitivem Erfassen beim Individuum und über die Individuen hinweg in der Gemeinschaft finden. Wie erschließt sich Kindern, Jugendlichen und Erwachsenen die transrationale Potenz im transpersonalen Raum? Wie finden wir zu einer konstruktiven Spiritualität, die unserer Ratio die Emotionalität, die Verantwortlichkeit und die Tiefe wiedergibt und in unsere Menschlichkeit einbindet? Wie können wir erreichen, dass Menschen in Genügsamkeit zu sich und ihrem Glück finden? Wie können wir erreichen, dass sich Menschen selbst klarer und von innen heraus spüren, so dass sie überhaupt entscheiden können, was sie wirklich brauchen?

Wer Kinder beobachtet, stellt fest, dass sie alle zunächst mehr oder weniger ausgeprägt über diese Fähigkeit verfügen und bei ihnen die Trennung ins Rationale und Transrational-Emotionale nicht gegeben ist. Es sei aber darauf hingewiesen, dass die Form der Spiritualität des Kindes nicht dieselbe sein kann wie diejenige, die wir als Erwachsene zu entwickeln haben, damit die von Kant schon gewollte Unabhängigkeit der Menschen von äußeren Bedingungen erreicht wird.

Pädagogik und Psychologie haben zahlreiche Lerntheorien entwickelt, die hinsichtlich ihrer Tauglichkeit für die Entwicklung von Spiritualität und der Kultivierung einer Sinnsuche zu überprüfen wären. Neben den »klassischen« Lerntheorien und Ansätzen, die eher auf das Verhalten und Wissen gerichtet sind, gibt es zahlreiche experimentelle Ansätze etwa aus dem Esalen-Institute in Kalifornien, in dem viele hoch effektive und kreative Entwicklungs- und Veränderungsformen für Therapie und Pädagogik kreiert wurden (Tarnas 1998). Auch haben wir die fernöstlichen Erfahrungen und Wege einzubeziehen, die alleine schon von ihrer Thematik her als prädestiniert erscheinen, einen Beitrag zu leisten. Wir werden wohl auch das Lernen neu verstehen müssen, wenn die transrationalen Aspekte über die Kreativität, die Intuition, die Suche nach einem tieferen Erahnen seiner selbst und dem, was uns Menschen als Teil der Natur ausmacht und verbindet, in die Erziehung und Bildung Einzug halten sollen.

Auf die vorhandenen Materialien zur Achtsamkeitserziehung (z. B. Bundeszentrale für gesundheitliche Aufklärung 2002) und die Weiterbildungsangebote (z. B. http://www.institut-fuer-achtsamkeit.de/paedagogik.html) wollen wir am Ende dieser Einleitung ausdrücklich hinweisen. In anderen Ländern und in spirituell-religiösen Gruppierungen gibt es wesentlich mehr Material und wesentlich mehr Beachtung der Werteerziehung (siehe etwa die Sri Sathya Sai World Foundation 2007). Wenn sich unsere Einstellung verändert, nehmen wir diese vielerorts aufkeimenden Bewegungen auch wahr und finden Wege, sie in unser Leben, in die Erziehung und in die Schulen zu integrieren. Dem strapazierten Leitsatz, die Kinder dort abzuholen, wo sie stehen, würde es gerecht: Denn die Frage nach sich selbst und der Versuch, sich und die Welt zu ergründen und in der eigenen Logik zu verstehen, ist das, was Kinder sehr viel mehr interessiert als das Auswendiglernen von Fakten, die Bildungspolitiker für ein späteres Leben der Kinder für wichtig halten, für das diese noch gar keine Richtung gefunden haben. Achtsamkeit, Stille und meditative Praktiken sind neben theoretischen Erörterungen und Erkundungen Erkenntniswege, für die Kinder erfahrungsgemäß offen sind – wenn es ihre Erzieher sind.[2]

1. Ein neues Verständnis vom Menschen

»Wenn wir eine friedvollere und freudvollere Welt wollen, dann müssen wir vor allem an unsere inneren Werte denken, weil sie ausschlaggebend sind für eine solche Entwicklung. Gerade heute haben wir sehr viele technische Möglichkeiten, und es hängt entscheidend von unserer Einstellung ab, wie wir sie nutzen. Sie selbst haben hier in der Mitte Europas im letzten Jahrhundert zwei Weltkriege erlebt. Millionen von Menschen sind dabei durch die destruktive Energie umgekommen, die in der eingesetzten Technologie steckt. Allein unsere Einstellung entscheidet darüber, ob dieses Potenzial positiv oder negativ eingesetzt wird. Diese Einstellung aber hat sehr viel mit unserem inneren Frieden zu tun. Ob wir aber inneren Frieden erleben, das hängt wiederum von unseren Werten ab. Und diese inneren Werte sind nicht in den Religionen begründet oder kommen aus dem Glauben. Ein klares Zeichen dafür ist die Tatsache, dass wir bereits über Werte verfügen, bevor wir überhaupt etwas von Religion wissen können. Schon ein Neugeborenes hat eine Ahnung von dem großen Wert, den die liebevolle Zuneigung für es hat. Aufgrund der Zuneigung und Nähe der Mutter empfindet das Kind eine Sicherheit, die notwendig ist, damit es sich überhaupt entwickeln kann. Wissenschaftler haben festgestellt, dass die Berührung durch die Mutter der wichtigste Faktor für die gesunde Entwicklung des Gehirns des Neugeborenen ist. Durch die liebevolle Zuneigung geht eine Art positive Ausstrahlung auf das Kind über, die einer der wichtigsten Faktoren für die gesamte gesunde Entwicklung darstellt. Das ist es, was ich mit grundsätzlichen menschlichen Werten meine: diese Form von Zuneigung und Mitgefühl, die wir schon von klein auf zu schätzen lernen und benötigen. Wenn wir diese dann auch in unserem weiteren Leben pflegen, dann können wir selbst zu einem glücklichen Menschen werden, eine positive Atmosphäre in

der Familie erleben oder dort, wo wir in der Gesellschaft leben. In einer solchen Atmosphäre, die von menschlichen Werten bestimmt wird, ist es auch sehr viel einfacher, Konflikte zu lösen oder selbst Werte wie Respekt, Selbstdisziplin oder auch Vergebung zu realisieren. Und gerade am Ende unseres Lebens benötigen wir wieder die Zuneigung, auf die wir dann vermehrt angewiesen sind. Deswegen meine ich, dass Zuneigung und ein gutes Herz die wichtigsten Werte sind, die wir Menschen entwickeln und in uns tragen können. Deshalb liegt mir so viel daran, über diese Werte zu sprechen, sie zu vermitteln und dies als meine erste Aufgabe in meinem Leben zu betrachten.«

Dalai Lama

Die biologischen Grundlagen der Spiritualität

Gerald Hüther

Es scheint so, als ginge das Zeitalter der Aufklärung demütig zu Ende – anders, als es einst begonnen hatte. Die große Hoffnung hat sich nicht erfüllt, der Mensch sei durch den Einsatz rationalen Denkens, also der nackten Vernunft, in der Lage, sich von den Geißeln zu befreien, die ihn an der Entfaltung seiner Potenziale hindern, Hunger, Not und Armut zu überwinden, Krankheiten zu besiegen und eine friedliche Welt zu schaffen. Im Gegenteil: Der Versuch, mit Hilfe unseres logischen Denkens und rational begründeten Handlungen die eigene Lebenswelt zu verbessern, hat uns eine Vielzahl bislang noch nie dagewesener lokaler und globaler Probleme beschert, die wir nun offenbar nicht mehr mit Hilfe der alten Denkmuster zu lösen imstande sind. Der Ruf nach einem »Umdenken« wird immer lauter. Aber wie sollen Menschen umdenken, solange sie sich gegenseitig immer wieder neu in der Vorstellung bestärken, dass ihre Denkweise, die verfolgten Ziele und die eingesetzten Strategien völlig in Ordnung, nicht hinterfragbar und damit unveränderbar sind?

Offenbar werden wir den Geist nicht so leicht wieder los, den wir mit dem Beginn der Aufklärung riefen. Längst hat er sich als geistige Haltung, als innere Einstellung, als tiefe Überzeugung in unseren Gehirnen so fest eingenistet, dass wir ihn inzwischen unbewusst und unreflektiert nicht nur in Worten, sondern auch in unserem Handeln, unserem Denken und Fühlen, ja sogar in unserer Gestik und Mimik von einer Generation zur nachfolgenden überliefern. Was zu Beginn der Aufklärung als Erkenntnis über die Möglichkeiten der Entdeckung gesetzmäßig ablaufender, natürlicher Zusammenhänge und der aus diesen Erkenntnissen erwachsenden Gestaltbarkeit der uns umgebenden Lebenswelt begonnen hatte, ist zu einem zentralen Bestandteil unseres

Selbstverständnisses geworden. Wir sind davon überzeugt, dass die äußere Welt erkennbar und nach unseren Vorstellungen gestaltbar ist. Erst jetzt, nachdem wir eine natürliche Ressource nach der anderen entdeckt, genutzt und dabei mehr oder weniger rasch aufgebraucht haben, nachdem wir den genetischen Code geknackt, die kleinsten Teilchen gespalten und den Kosmos bis zum Urknall durchleuchtet haben, beginnt sich die Einsicht durchzusetzen, dass es wohl so etwas wie einer zweiten Aufklärung bedarf, um die Probleme zu lösen, die wir mit dem Einsatz unseres nackten Verstandes selbst geschaffen haben und die uns dank unserer weltumspannenden Kommunikationsmittel tagtäglich vor Augen geführt werden. Es ist nicht schwer zu erraten, wohin uns diese längst begonnene zweite Aufklärung führen wird: zurück zu uns selbst und zur Entdeckung, dass wir das, was wir im Außen suchen, nur im Inneren finden können. In all den in unserer Außenorientiertheit so leicht übersehenen Kräften, die uns in unserer Suche nach einem sinnerfüllten, gelungenen Leben in Form von Vorstellungen, Sehnsüchten, Bedürfnissen und Motiven lenken, also in inneren Bildern.

Der Versuch, sich selbst zu verstehen, ist nicht neu. Er durchzieht die Menschheitsgeschichte wie ein roter Faden, der in manchen Zeiten und Kulturen fester und sichtbarer, in anderen eher dünner und verborgener gesponnen worden ist. Neu ist zumindest in unserem aufgeklärten abendländischen Zeitalter nur eines: dass dieser Faden nun auch mit objektiven, naturwissenschaftlichen Verfahren wieder aufgegriffen werden und weitergesponnen werden kann.

Das gilt vor allem für eine Disziplin, die sich mit dem Leben selbst beschäftigt: die Biologie. Innerhalb dieser Disziplin ist jener Bereich betroffen, der genau das Organ näher untersucht, mit dessen Hilfe wir zu erkennen imstande sind, weshalb wir so denken, fühlen und handeln, wie wir das manchmal bewusst, meist aber unbewusst tun.

Leben als erkenntnisgewinnender Prozess

Wer einmal unter dem Mikroskop eine Amöbe bei der Nahrungssuche beobachtet, kann sich mit eigenen Augen davon überzeugen, wie schon Einzeller aus Erfahrung »klug« werden. Ein unbekömmlicher Nahrungsbrocken wird wieder ausgeschieden und mit Sicherheit kein zweites Mal einverleibt. Pflanzen »lernen« durch Versuch und Irrtum, wie sie wachsen müssen, damit ihre Blätter optimal im Licht stehen. Die Gestalt einer Kletterbohne oder einer Buche ist strukturgewordener Ausdruck dieser beim Wachsen gemachten »Erfahrungen«.

Wie jedes individuelle Leben ein erkenntnisgewinnender Prozess ist, in dessen Verlauf Erfahrungen auf unterschiedliche und artspezifische Weise in Strukturen verwandelt werden, so ist auch die phylogenetische Entwicklung jeder Spezies Ausdruck der im Verlauf dieses Entwicklungsprozesses gesammelten Erfahrungen. Diese Erfahrungen sind nunmehr als spezifische genetische Anlagen in Form bestimmter DNA-Sequenzen im Genom verankert. Die »Erfahrung« beschränkt sich in diesem Fall darauf, dass die betreffende genetische Ausstattung die Ausbildung von phänotypischen Merkmalen ermöglicht, die die Erhaltung der betreffenden Art sichern.

Es ist kein Zufall, dass auf diese Weise über kurz oder lang genetische Anlagen entstanden sind, die die Herausbildung eines Gehirns ermöglichten, und dass diese Anlagen im Verlauf der Evolution des Lebendigen schließlich »erfahrungsbedingt« so ausgelesen wurden, dass sie die Herausbildung lernfähiger Gehirne ermöglichten. Es ist eine zwangsläufige Folge dieses sich selbst organisierenden, erkenntnisgewinnenden Prozesses, den wir »Leben« nennen.

Leben ist aber nicht nur ein erkenntnisgewinnender, sondern dabei immer auch ein Erfahrungen in Strukturen verwandelnder Prozess. Weil ein Lebewesen immer dann und nur dann neue Erfahrungen machen kann, wenn es mit etwas in Beziehung tritt, lässt sich diese Aussage noch weiter präzisieren: Leben ist ein Beziehungserfahrungen in Beziehungsstrukturen verwandelnder Prozess.

Für alle Ebenen der Organisation lebender Systeme, also für Zellen, für Organismen, für Gehirne und nicht zuletzt auch für soziale Gruppen und individualisierte Gemeinschaften lassen sich allgemeine Merkmale dieses Prozesses herausarbeiten:

- Neue Beziehungserfahrungen können nur auf der Grundlage bereits entstandener und strukturell verankerter Erfahrungen gemacht werden.
- Spezifische Erfahrungen führen zur Stabilisierung spezifischer Strukturen.
- Zur Weiterentwicklung der Beziehungsfähigkeit kommt es durch die Verschmelzung von bisher getrennt gemachten Erfahrungen.
- Lebende Systeme stellen mehr Beziehungsangebote bereit, als tatsächlich genutzt und in Strukturen verwandelt werden.

Für jedes dieser grundsätzlichen Merkmale der Entwicklung lebender Systeme lassen sich, wo immer man sich umschaut, zahlreiche Beispiele finden. Ein besonders eindrückliches Beispiel für den letztgenannten Punkt – dass jedes Lebewesen und jede lebendige Gemeinschaft über größere Potenzen verfügt, als von ihr in der konkreten Lebensbewältigung tatsächlich realisiert werden – finden wir in uns selbst und in unserer eigenen bisherigen Entwicklungsgeschichte.

Intentionalität als Wesensmerkmal alles Lebendigen

Lebewesen sind keine Maschinen. Die bisherige Strategie, lebendige Wesen in ihre Einzelteile zu zerlegen, um zu verstehen, wie sie »funktionieren«, hatte zwangsläufig zur Folge, dass dabei immer genau das verloren ging, was ein Lebewesen lebendig macht: seine Intentionalität. Jedes Lebewesen – ob Schleimpilz, Sonnenblume, Löwe oder Mensch – »will« etwas. Es hat die ihm innewohnende Intention, am Leben zu bleiben, zu wachsen und sich zu reproduzieren. Deshalb »strebt« der Schleimpilz nach Feuchtigkeit und Nahrung, die Sonnenblume nach Licht und Nährstoffen, der Löwe nach Beute und der Mensch eben auch nach all dem, was er für sein Überleben, sein Wachstum und seine Reproduktion braucht oder zu brauchen glaubt. Indem aber jede Lebensform leben will inmitten anderer Lebensformen, die auch leben wollen, muss die Evolution des Lebendigen als ein Prozess der ständigen Weiterentwicklung und Vervielfältigung voneinander abhängiger Lebensformen verstanden werden. Dieser Prozess ist durch ein ständiges Über-sich-Hinauswachsen (Transzendenz) bei gleichzeitiger fortbestehender wechselseitiger Abhängigkeit und Rückbindung (Verbundenheit) der auf den jeweiligen Entwicklungsstufen entstandenen Lebensformen gekennzeichnet.

Denken als Werkzeug für die Suche nach Sinn

Das Nervensystem der Tiere mit seinen Ganglien und dem aus dem Frontalganglion hervorgegangenen Gehirn hat sich primär als Instrument zur Aufrechterhaltung und zur Koordination der im Körper ablaufenden Prozesse herausgebildet. Im weiteren Verlauf der Evolution ist es für die Abstimmung zwischen den in der Innenwelt des Organismus ablaufenden und den in seiner Außenwelt auftretenden Veränderungen, also für die Erzeugung von Kohärenz zwischen Innen und Außen optimiert worden.

Auch im Verlauf der Individualentwicklung strukturiert sich das Nervensystem und später auch das Gehirn zunächst anhand der im Inneren, also im eigenen Körper generierten Signalmuster. Die dabei primär herausgeformten Muster von Vernetzungen und Verknüpfungen der Nervenzellen sind damit strukturell verankerte Körpererfahrungen. Erst später kommen in den ausreifenden Sinnesorganen durch Veränderungen in der Außenwelt generierte und zum Gehirn weitergeleitete Signalmuster hinzu und ermöglichen so die Erweiterung, Ergänzung und Fortentwicklung der bereits bestehenden, durch körperliche Eingänge strukturierten Netzwerke. Dazu müssen die neu eintreffenden Signalmuster zu den bereits ausgeformten Verschaltungsmustern »passen«. Sie müssen an die bereits bestehenden Muster anknüpfbar, assoziierbar sein. Mit anderen Worten heißt das: Neue Erfahrungen können nur dann in den Schatz der bisher gemachten Erfahrungen integriert und strukturell in Form entsprechend erweiterter neuronaler Verschaltungsmuster im Gehirn verankert werden, wenn sie im Kontext des bisher Erlebten »Sinn machen«.

Das Gehirn der Tiere, vor allem aber das Gehirn aller lernfähigen Tiere und ganz besonders unser eigenes, enorm plastisches und zeitlebens lernfähiges Gehirn, strukturiert sich anhand anknüpfbarer und deshalb »sinnvoller« Wahrnehmungsmuster. Deshalb können auch wir Menschen mit unserem hochkomplexen Gehirn nicht alles wahrnehmen oder verarbeiten, was in unserer Außenwelt und in unserem Körper geschieht, sondern nur das, was im Kontext unseres bisherigen Erlebens »Sinn macht«, also an entsprechende Vorerfahrungen anknüpfbar ist. Aus diesem Grund nutzen wir unsere enorme Assoziationsfähigkeit, also unser Denken, nicht zum Erkennen der Welt, sondern zum Herausfiltern all jener wahrnehmbaren Erscheinungen und denkbaren Zusammenhänge, die Sinn machen. Das Denken ist also niemals Selbstzweck, sondern in all seinen Formen, selbst in seinen für andere bisweilen absurden Ausprägungen, immer nur Instrument, Werkzeug zur fortwährenden Erzeugung von Kohärenz und damit der Suche nach Sinn.

Fühlen als innerer Kompass auf der Suche nach Sinn

Ob und in welchem Ausmaß ein Mensch in der Lage ist, Kohärenz zwischen seiner inneren, körperlichen und seiner äußeren, ihn umgebenden Welt herzustellen und damit den durch Veränderungen seiner Innenwelt oder seiner Außenwelt generierten und zum Gehirn weitergeleiteten Signalmuster Sinn zu verleihen, lässt sich nicht durch noch so exaktes eigenes Nachdenken und Analysieren herausfinden. Es kann nur gefühlt, also durch die Aktivierung emotionaler Reaktionsmuster im Gehirn und die dadurch auf körperlicher Ebene ausgelösten Veränderungen (somatische Marker) erspürt werden. Aus diesem Grund sind unsere Gefühle Botschaften an uns selbst. Sie geben uns Auskunft darüber, ob und wie gut unsere jeweiligen Vorstellungen, unsere Wahrnehmungen, unser Denken und Handeln zu all den Erfahrungen passen, die wir bisher im Leben gemacht haben; also darüber, ob das, was wir aktuell erleben, im Kontext des bisher Erlebten Sinn macht oder nicht. Im ersteren Fall hat man ein angenehmes Gefühl (das mit einer Aktivierung des sogenannten »Belohnungszentrums« im Gehirn und einer vermehrten Ausschüttung von Dopamin und endogenen Opiaten einhergeht). Im letzteren Fall kommt es zu einer Aktivierung unangenehmer Körperempfindungen, die durch Angst und das damit einhergehende »Durcheinander« (unspezifisches Hyperarousal) im Gehirn ausgelöst werden.

Durch diese emotionalen Reaktionen werden wir normalerweise (wenn der Zugang zu den eigenen Gefühlen nicht völlig unterdrückt ist) in unserer Suche nach Kohärenz und damit nach der Sinnhaftigkeit unseres Erlebens wieder »auf Kurs gebracht«. Das heißt: Wir werden gezwungen, uns wieder an unseren bisher gemachten Erfahrungen zu orientieren und nach damit vereinbaren Wahrnehmungen und Problemlösungen zu suchen.

Die Hirnentwicklung als Ausdruck der Transformation immaterieller Erfahrungen in materielle Strukturen

Alles, was ein Mensch an wichtigen Erfahrungen über sich selbst, über seinen Körper und seine Beziehungen zur äußeren Welt gesammelt und von anderen übernommen hat, ist in Form bestimmter Verschaltungsmuster von Nervenzellen in seinem Gehirn als innere Repräsentanz verankert worden; das meiste davon bereits während der Kindheit, vieles auch schon vor der Geburt. Jede neue Wahrnehmung – ein neuer Duft, eine neue Berührung, ein neues Geräusch oder ein neuer Seheindruck – erzeugt im Gehirn ein entsprechendes Aktivierungsmuster, ein »Wahrnehmungsbild«. Im Gehirn wird nun versucht, ein bereits vorhandenes Nervenzell-Verschaltungsmuster zu aktivieren (ein »Erinnerungsbild«), das irgendwie zu dem durch die neue sinnliche Wahrnehmung entstandenen Aktivierungsmuster passt. Stimmen beide Bilder (das vorhandene Erinnerungsbild und das neue Wahrnehmungsbild) völlig überein, so wird der neue Eindruck als bekannt abgetan und entsprechend (routinemäßig) beantwortet. Kann keinerlei Überlappung zwischen dem Neuen und irgendeinem bereits vorhandenen Bild hergestellt werden, so passiert gar nichts. Das neue Wahrnehmungsbild wird gewissermaßen als ein nicht zu den bisherigen Erfahrungen passendes Trugbild verworfen. Interessant wird es immer dann, wenn das aus dem Gedächtnis abgerufene Erinnerungsbild nur teilweise zu dem neuen Wahrnehmungsbild passt. Dann wird das alte Muster so lange geöffnet, erweitert und umgestaltet, bis das durch die neue Wahrnehmung entstandene Aktivierungsmuster in das nun modifizierte Erinnerungsbild integriert werden kann. Das wird dann als erweitertes inneres Muster festgehalten und bei künftigen Wahrnehmungen zum Abgleich erneut abgerufen. Zug um Zug werden auf diese Weise die komplizierten Nervenzellverschaltungen in den verschiedenen Regionen aufgebaut. Die von den Sinnesorganen ankommenden Erregungsmuster werden dabei benutzt, um immer stabilere und zunehmend komplexer werdende »innere Bilder« in Form bestimmter Verschaltungsmuster in den verschiedenen Hirnregionen zu verankern.

Diejenige Hirnregion, in der all diese komplexen, nutzungsabhängigen neuronalen Verschaltungen letztlich zusammenlaufen, ist eine Region, die sich beim Menschen zuletzt und am langsamsten entwickelt, und die auch bei unseren nächsten tierischen Verwandten weitaus kümmerlicher ausgebildet ist. Anatomisch heißt sie Frontal- oder Stirnlappen. Sie ist in besonderer Weise daran beteiligt, aus anderen Bereichen des Gehirns eintreffende Erregungsmuster zu einem Gesamtbild zusammenzufügen und auf diese Weise von »unten«, aus tiefer liegenden und früher ausgereiften Hirnregionen eintreffende Erregungen und Impulse zu hemmen und zu steuern. Ohne Frontalhirn kann man keine zukunftsorientierten Handlungskonzepte und inneren Orientierungen entwickeln, kann man nichts planen, kann man die Folgen von Handlungen nicht abschätzen, kann man sich nicht in andere Menschen hineinversetzen und deren Gefühle teilen und auch kein Verantwortungsgefühl empfinden. Unser Frontalhirn ist die Hirnregion, in der wir uns am deutlichsten von allen Tieren unterscheiden. Und es ist die Hirnregion, die in besonderer Weise durch den Prozess strukturiert wird, den wir Erziehung und Sozialisation nennen.

In gewisser Weise lässt sich die sukzessive Strukturierung neuronaler Netzwerke und synaptischer Verschaltungsmuster auf den verschiedenen Ebenen des sich entwickelnden Gehirns mit der Herausbildung der älteren und jüngeren Schichten einer Zwiebel vergleichen: Die sehr früh entstandenen neuronalen Verschaltungen für die basale Regulation der vielfältigen, im Körper ablaufenden Prozesse wie Atmung, Kreislauf oder einfache motorische Reflexe werden in den inneren »Zwiebelschichten« verankert: im Hirnstamm. In den darüberliegenden Bereichen, die wir als Thalamus, Hypothalamus und Limbisches System bezeichnen, bilden sich auf der Grundlage dieser im Hirnstamm angelegten Regelkreise komplexere Netzwerke heraus, die bei entsprechender Aktivierung nun ihrerseits in der Lage sind, die tiefer im Hirnstamm lokalisierten Regelkreise zur Steuerung einzelner Körperreaktionen zu einer konzertierten Aktion zusammenzubinden. Ein typisches Beispiel hierfür bilden die durch eine Bedrohung bzw. durch Angst (und die damit einhergehende

Aktivierung der Amygdala und anderer Bereiche des Limbischen Systems) im Hirnstamm ausgelösten, zu einer ganzheitlichen Körperreaktion zusammengebundenen Reaktionsmuster: stokkender Atem, rasender Puls, Schweißausbruch, weiche Knie, flaues Gefühl in der Magengegend, angespannte Körperhaltung etc. Das Gleiche gilt für die mit Lust und Freude, mit Verlust und Trauer oder anderen Affektmustern einhergehenden Körperreaktionen. Das Limbische System fungiert jeweils als ein übergeordnetes Metasystem, das den in den tiefer liegenden, früher ausgeformten und älteren Strukturen des Stammhirns lokalisierten Regelkreisen gewissermaßen »Sinn« verleiht, indem es sie zu spezifischen konzertierten Reaktionen bündelt. In gleicher Weise lässt sich der Kortex, die Großhirnrinde, als eine weitere, über dem Limbischen System liegende »Zwiebelschicht« verstehen, von der aus die subkortikal generierten Aktivitäten geordnet, gelenkt und gesteuert werden. Der Neokortex, und hier insbesondere der sogenannte präfrontale Kortex, bildet schließlich die letzte, äußere Schicht dieses »Zwiebelmodells«. Hier werden die im Kortex und in den subkortikalen Ebenen generierten Signalmuster aufeinander abgestimmt und in Form subjektiver Bewertungen und Entscheidungen benutzt, um die in diesen Bereichen ablaufenden Prozesse zu steuern. Auf die Frage, wovon dieses Sinn stiftende, für die Handlungsplanung verantwortliche Bewertungs- und Entscheidungssystem im frontalen Kortex gesteuert wird, gibt es eine überraschende Antwort: Durch die im Verlauf von Erziehung und Sozialisation in der jeweiligen Herkunftsfamilie und der jeweiligen Herkunftskultur gemachten Erfahrungen. Diese letzte, äußere »Zwiebelschicht« wird also durch Kräfte geformt und strukturiert, die außerhalb des individuellen Gehirns zu suchen sind: in den in einem bestimmten Kulturkreis vorherrschenden Überzeugungen, Haltungen, Einstellungen und Vorstellungen. Ohne diese prägenden Erfahrungen einer sinnvollen Verankerung des Einzelnen in einer Sinn stiftenden Gemeinschaft fehlen die für die Ausformung dieser hochkomplexen frontokortikalen Netzwerke erforderlichen strukturierenden Kräfte.

Welchen »Spirit« braucht der Mensch?

Weshalb ist es den Biologen bis heute nicht gelungen, den Unterschied zwischen dem Gegenstand ihres Faches – dem Lebendigen – und dem noch nicht Belebten oder nicht mehr Lebenden herauszufinden? Noch immer bleiben alle Versuche, diesen Unterschied herauszuarbeiten, auf der Ebene der Auflistung all jener Merkmale stecken, die sich als beobachtbare, mit objektiven Verfahren messbare Phänomene beschreiben lassen. Ebenso wenig lässt sich auch genau das beobachten, isolieren und messen, was einen Menschen ausmacht – seine Vorstellungen, seine Wünsche, seine Sehnsüchte, seine inneren Haltungen und seine festen Überzeugungen. All das also, was letztlich darüber bestimmt, wie und wofür er nicht nur sein Gehirn und seinen Körper, sondern auch das Gehirn und den Körper all jener strukturiert, die mit ihm in Beziehung treten, die mit ihm auf eine ebenso wenig messbare Weise verbunden sind.

Offenbar existiert hinter der Welt der materiellen, beobachtbaren und messbaren Phänomene, die das Lebendige hervorbringt, noch eine immaterielle, unsichtbare und nicht messbare geistige Welt. Sie bleibt dem seit der Aufklärung so erfolgreich zum Erkennen, Analysieren und Gestalten der äußeren Welt eingesetzten technischen Instrumentarium und den diesem Vorgehen zugrundeliegenden Mustern des Wahrnehmens, Fühlens, Denkens und Handelns verborgen. Noch immer sind viele Menschen der Überzeugung, sie könnten die Welt erkennen, ohne dass sie sich selbst und all das, was sie zu dem gemacht hat, was sie sind, erkennen. Und noch immer glauben viele Menschen an ihre Fähigkeit, die Welt nach ihren Vorstellungen gestalten zu können, ohne sich selbst ändern zu können und das, was sie im Inneren bewegt, was die Richtung ihres Denkens, ihre Einstellungen und Überzeugungen, ihr eigenes Fühlen und ihr bisheriges Verhalten lenkt.

Der Glaube an die Macht der nackten Vernunft hat uns zu Künstlern des Spaltens und Zerlegens, des Analysierens und Zusammenbauens gemacht. Aber um welchen Preis? Und aus welchem Grund sind wir diesen Weg gegangen?

Aus »neurobiologischer« Perspektive macht die Unterdrückung von Gefühlen, die Trennung zwischen Denken und Fühlen und die Abspaltung des Körpers vom Gehirn keinen Sinn. Besser verständlich und leichter erklärbar werden all diese Trennungen aber dann, wenn man sie aus »soziologischer« Perspektive betrachtet, wenn man also danach fragt, welchen Sinn sie für den Zusammenhalt von Gruppen und für das Überleben des Einzelnen in einer menschlichen Gemeinschaft machen. In einer von Leistungsdruck und Konkurrenzdenken geprägten Gesellschaft, in der man bereits als Kind dazu angehalten oder zumindest ermutigt wird, sein »Ich« durch die Abwertung und auf Kosten anderer zu stärken, sind solche Abgrenzungs- und Abspaltungsprozesse unvermeidlich. Für Menschen, die in eine solche, von Effizienzdenken, von Machbarkeitswahn und von Egoismus geprägte Gemeinschaft hineinwachsen, macht weder Achtsamkeit noch Behutsamkeit irgendeinen Sinn. Wer unter solchen Bedingungen nicht schnell genug lernt, sein Denken vom Fühlen, seinen Körper vom Gehirn, sein »Ich« vom »Wir« abzutrennen, wird zum Verlierer gemacht. Langfristig haben solche Einschränkungen der Beziehungsfähigkeit von Menschen bzw. der Konnektivität ihrer neuronalen Verschaltungen im Gehirn allerdings einen hohen Preis und fatale Folgen: Verlust der Offenheit und Kreativität, sich ausbreitende Verunsicherung und Angst, Zerfall sozialer Bindungen und Unterbrechung der transgenerationalen Weitergabe von Erfahrungen.

Das menschliche Gehirn ist auf Offenheit und »Konnektivität« angelegt, darauf, Verbindungen zu knüpfen. Alles, was die

Beziehungsfähigkeit von Menschen – zu sich selbst, zwischen ihrem Denken und Fühlen, zwischen Gehirn und Körper, aber auch zu anderen Menschen, zur eigenen Geschichte, zur Kultur und zur Natur – verbessert und stärkt, führt zwangsläufig zur Ausbildung einer größeren Konnektivität, zu einer intensiveren Vernetzung neuronaler Verschaltungen und damit auch zu einem komplexer ausgeformten Gehirn.

Wie lange eine Gesellschaft Bestand haben kann, die gegen dieses Prinzip der inneren Strukturierung des menschlichen Gehirns verstößt, bleibt abzuwarten.[3]

The Mindful Brain – das achtsame Gehirn

Daniel Siegel

Als Erziehungswissenschaftler, Arzt und Psychotherapeut versuche ich, verschiedene Perspektiven zusammenzuführen. Da ich gleichzeitig als Wissenschaftler arbeite, habe ich den Anspruch, die Welt der menschlichen Entwicklung und menschlicher Subjektivität auch mit den Erkenntnissen zu verknüpfen, die wissenschaftliche Forschungen zutage gefördert haben. Dabei interessiert mich vor allem die Frage, wie es möglich ist, die in verschiedenen Disziplinen der Wissenschaft gewonnenen Erkenntnisse so zusammenzufügen, dass daraus eine integrative Perspektive auf jenes Phänomen ableitbar wird, das wir menschliche Erfahrung nennen. Ich bezeichne diese Art des Vorgehens als *interpersonelle Neurobiologie.* Das ist nicht das Gleiche wie das, was wir unter sozialer Neurowissenschaft verstehen, und es ist auch keine Unterabteilung von irgendeinem wissenschaftlichen Universitätsprogramm. Es fließen hier vielmehr bislang getrennte Wissenschaftsdisziplinen zusammen, und es werden auch achtsamkeitsbasierte, kontemplative Praktiken mit einbezogen, um eine Gesamtperspektive zu erreichen. Von den inzwischen vorliegenden umfangreichen wissenschaftlichen Arbeiten kann ich hier nur einige zentrale Botschaften vorstellen. Die wissenschaftlichen Grundlagen und die Ergebnisse dieser integrativen Betrachtungsweise sind an anderer Stelle veröffentlicht (Norton-Verlag). Weitere Informationen finden Sie auf der Web-Site www.mindgain.org oder www.mindsightinstitute.com der Internationalen Organisation für Interpersonelle Neurobiologie. Meine eigenen Beiträge lassen sich auch direkt über meine Website aufrufen: www.doctordansiegel.com.

Die gegenwärtigen Neurobiologen sind vielfach mit dem gleichen Problem konfrontiert, wie die blinden Männer in der alt-indischen Fabel, die in einem dunklen Raum einen Elefanten untersuchen: der eine untersucht den Fuß, der andere den Körper, der Dritte den Schwanz und der Vierte die Ohren. Auch in der Wissenschaft ist es ziemlich schwierig, das Gesamtbild wahrzunehmen, da man ständig Forschungsgelder beschaffen und Studien durchführen muss, die sich immer nur mit bestimmten Teilbereichen befassen. In der interpersonellen Neurobiologie geht es hingegen um den ganzen Elefanten in Form menschlicher Erfahrung.

Der Unterschied zwischen Gehirn und Geist

Anhand eines einfachen Dreiecks lässt sich recht gut verdeutlichen, was menschliche Erfahrung ausmacht: Die erste Ecke steht für den Geist, die zweite für die Beziehungen und die dritte für das Gehirn, wobei mit dem Begriff Gehirn das gesamte Nervensystem gemeint ist, das sich entwickelt und im ganzen Körper ausbreitet. Vor 17 Jahren habe ich mit einer Gruppe von Wissenschaftlern versucht, die Beziehung zwischen Geist und Gehirn genauer zu untersuchen. Aber wir konnten uns schon damals nicht einigen, was der Geist eigentlich ist. Inzwischen habe ich ca. 73 000 Praktizierende im Bereich Gesundheitswesen, geistige Gesundheit und Pädagogik überall auf der Welt danach gefragt, ob sie in ihrer Ausbildung je darüber informiert worden sind, was der Geist ist und wie er zu definieren sei. Das Ergebnis: Weniger als fünf Prozent gaben an, jemals ein Seminar besucht zu haben, das sich mit dieser Thematik beschäftigte.

Auch ich gehöre zu den 95 Prozent, die im Verlauf ihrer Ausbildung nie irgendetwas über den Geist gehört haben. Und ich bin Psychiater! Ist das nicht bizarr? In Europa, Neuseeland, Australien, Kanada, USA usw. – überall war das so. Offenbar haben wir unseren Geist verloren. Aber wie können Psychotherapeuten, Pädagogen, Erzieher je zu Experten des Geistes werden, wenn sie im Rahmen ihrer jeweiligen Ausbildungen nie etwas darüber erfahren, was der Geist ist?

Ich möchte Ihnen deshalb eine Arbeitsdefinition für den Geist vorschlagen, die ich auch mehr als 40 Wissenschaftlern aus zwölf verschiedenen Disziplinen angeboten habe. Alle 40 Personen konnten trotz ihrer unterschiedlichen Herkunft und Ausrichtung der folgenden Definition zustimmen: »Geist ist ein verkörperter und beziehungsorientierter oder beziehungsbezogener Prozess, der den Fluss von Energie und Information reguliert.«

Alle von mir befragten Wissenschaftler hielten das für eine nützliche Definition. Wichtig ist an dieser Definition, dass sie das sehr vereinfachende und immer wieder vorgebrachte Argument vermeidet, der Geist sei nichts anderes als die Aktivität des Gehirns. Unumstritten ist eine solche Betrachtungsweise aber keineswegs. Viele Wissenschaftler gehen noch immer davon aus, dass der Geist einfach nur Hirnaktivität ist. Aber zumindest in den Vereinigten Staaten wird inzwischen auch von Neurobiologen immer deutlicher gesehen, dass eine solche Reduktion des Geistes auf die Gehirntätigkeit unser Verständnis darüber einschränkt, wie sich der Geist in einem Kind entwickelt, wie unsere Kultur Einfluss auf die Form unseres Geistes nimmt und insbesondere, wie umgekehrt der Geist das Gehirn verändert. Dass nicht nur das Gehirn den Geist, sondern umgekehrt der Geist und die Erfahrungen das Gehirn beeinflussen, ist die spezielle Sichtweise der interpersonellen Neurobiologie. Aus dieser Perspektive lässt sich das Dreieck von Geist, Beziehungen und Gehirn als etwas betrachten, bei dem das eine nicht auf das andere reduziert werden kann, sondern bei dem die einzelnen Teile voneinander abhängig sind. Man könnte alle drei auch als unterschiedliche Manifestationen eines Energie- und Informationsflusses betrachten.

Wenn es also unserer Definition gemäß beim Geist um die Regulation des Energie- und Informationsflusses geht, so geht es bei der Beziehung zwischen den Menschen darum, wie Energie und Information von zwei oder mehr Personen geteilt werden. Der Energie- und Informationsfluss geschieht in den Körpern der

Personen bzw. in ihren Gehirnen als Zentren des Nervensystems, in denen sich der Geist manifestiert. In diesem Dreieck gibt es also drei Teile, die nicht aufeinander reduzierbar sind. Diese Perspektive erlaubt uns, Fragen der Wissenschaft und der Spiritualität auf eine vollständig neue Weise zu verstehen. In dem vorangegangenen Beitrag hat Gerald Hüther die neurobiologischen Grundlagen der Spiritualität und Sinnsuche des Menschen dargestellt. Ich werde dies jetzt aus einer Entwicklungsperspektive weiterführen.

Entwicklungsgeschichtliche Hintergründe

Um den Prozess der Hirnentwicklung und die genannten Phänomene besser zu verstehen, müssen wir weit zurück gehen. Wenn ich das Wort Gehirn verwende, meine ich das vollständige Nervensystem, das im ganzen Köper verteilt ist; es ist nur einfacher, es zusammenzufassend als Gehirn zu bezeichnen. Wenn Ei und Spermium miteinander zur Zygote verschmelzen, wird aus zwei Wesenheiten eine, und das ist die erste wichtige Realität in unser aller Geschichte. Wenn sich die Zellen teilen, werden aus einer Zelle zwei und aus zweien vier, und aus vieren acht, und aus acht sechzehn usw. Es entsteht ein Zellhaufen. Irgendwann kommt der Zeitpunkt, an dem einige Zellen auf der Oberfläche und andere innen liegen. Die Zellen beginnen sich zu differenzieren und zu spezialisieren. Dies ist nach der Vereinigung von zwei Wesen zu einem ein zweiter, sehr bedeutsamer Schritt in unserer Entwicklung, denn obwohl sie sich spezialisieren, bleiben sie ein Ganzes.

Der dritte wichtige Entwicklungsschritt beginnt dann, wenn die Zellen an der Oberfläche, die man das Ektoderm nennt, nach innen wandern – vergleichbar den Fingerkuppen, die nach innen wandern, wenn Sie die Hand zur Faust schließen. Die Zellen, die später das Nervensystem bilden, sind diejenigen, die anfangs im Bereich der Kontaktfläche zwischen innen und außen lagen, und es bleibt dieser Entwicklung gemäß auch weiterhin die Mission des Nervensystems, innen und außen miteinander zu verbinden.

Der vierte Schritt mit weitreichender Bedeutung ist die Ausbildung synaptischer Verbindungen, über die Energien und Informationen von einer Zelle zur nächsten übertragen werden können. Angeregt wird dieser Prozess durch die genetische Information unserer DNA. Bereits während dieser sehr frühen Entwicklungsstadien in der Gebärmutter bestimmen sowohl genetische Anlagen wie auch bereits gemachte Erfahrungen darüber, welche Verbindungen im Nervensystem geknüpft werden. Das Ergebnis dieses Zusammenwirkens wird zum Fundament, auf dem sich dann die weitere Entwicklung des Gehirns auch nach der Geburt vollzieht. Jetzt werden die eigenen, vom sich entwickelnden Kind gemachten Erfahrungen entscheidend dafür, welche der von den genetischen Programmen im Überschuß bereitgestellten Verknüpfungen tatsächlich nutzungsabhängig stabilisiert und gefestigt werden können und welche wieder verkümmern.

Im vorangegangenen Beitrag hat Gerald Hüther die drei großen Hirnbereiche, die nacheinander und miteinander ausreifen, bereits kurz beschrieben: Der Hirnstamm entwickelt sich schon im Mutterleib sehr weit. Mittelhirn und Limbisches System entwickeln sich zwar auch bereits im Mutterleib, zum größeren Teil aber nachgeburtlich. Vorwiegend nach der Geburt entfaltet sich der beim Menschen besonders komplex herausgeformte dritte Bereich, das Großhirn, der äußeren Kortex. Da diese Hirnrinde zum Zeitpunkt der Geburt noch sehr unreif ist, haben die Erfahrungen, die Eltern und andere Erwachsene einem Kind während der ersten Lebensjahre ermöglichen – oder auch das Kind zu machen zwingen –, einen enormen Einfluss auf die weitere Entwicklung der dort angelegten Netzwerkstrukturen und ihrer Verbindungen zu den bereits früher ausgereiften, tiefer liegenden Bereichen.

Unser Gehirn umfasst ca. einhundert Milliarden Neurone. Jedes Neuron hat etwa zehntausend synaptische Verbindungen zu anderen Neuronen. Trillionen von synaptischen Verbindungen existieren also, und die Anzahl möglicher Erregungsmuster ist zehn mal zehn hoch eine Million. Das Potenzial des menschlichen Gehirns, Erregungsmuster jeder Art auszubilden, ist quasi unendlich. Und viele Wissenschaftler gehen davon aus, dass das menschliche Gehirn das komplexeste System ist, das es im Universum überhaupt gibt. In seinen Erregungsmustern sind die Erfahrungen verankert, die wir im Lauf unseres Lebens gemacht haben, meist schon sehr früh in der Beziehung zu unseren Eltern.

Die Bedeutung des präfrontalen Kortex

Wie eng die Beziehung zwischen Gehirn, Geist und Beziehungserfahrungen von Anfang an ist, kann die folgende Fallbeschreibung verdeutlichen: Neben meiner Arbeit als Pädagoge bin ich auch Therapeut. Eines Tages wurde mir ein siebenjähriges Mädchen wegen Autismus vorgestellt: Sie hatte in der Schule aufgehört zu sprechen. Von der Mutter hatte ich erfahren, dass sie selbst einen Autounfall hatte, und man vermutete, dass der Autismus der Tochter eine Reaktion darauf sei. Während die Mutter mir dies erklärte, fiel mir ihr ausdrucksloses Gesicht auf. Darüber hinaus zeigte sie kaum irgendeine Interaktion mit mir oder ihrem Ehemann oder dem Kind; sie wirkte leer. Eines Tages entdeckte das Mädchen, Liane hieß sie, einen Videorecorder in meinem Büro und wurde dabei sehr aufgeregt. In der nächsten Woche brachte sie dann ein Videoband mit, das ihr Vater vor dem Unfall der Mutter an einem Geburtstag aufgenommen hatte. Als sie mir dieses Band vorspielte, konnte ich nicht glauben, dass die Mutter, die man da sehen konnte, die gleiche Frau war wie diese Frau, die ich erlebt hatte. Die Mutter (Barbara) war in einem alten Wagen ohne Airbags gefahren und hatte sich, da sie nur ein kurzes Stück die Straße hinunterfahren wollte, auch nicht angeschnallt. Ein betrunkener Fahrer fuhr frontal in ihr Auto hinein. Durch den Aufprall ihres Kopfes auf das Lenkrad wurde ihre Hirnrinde, speziell der präfrontale Kortex, stark beschädigt. Ich habe mir dann die Bilder von Barbaras Gehirn angeschaut. Um dieser Familie zu helfen, mit dem Verlust von Barbaras Persönlichkeit fertig zu werden, habe ich mich sehr intensiv mit der Frage beschäftigt, was genau die Funktion der beschädigten Bereiche im präfrontalen Kortex ist; auf welche Weise und wie sie unser Leben tangieren.

Aus den Untersuchungen und Beobachtungen, die die Hirnforscher in den letzten Jahren gemacht haben, lässt sich eine Liste von neun Funktionen des präfrontalen Kortex zusammenstellen. Die für diese Funktionen verantwortlichen neuronalen Netzwerke sind in verschiedenen Bereichen der präfrontalen Rinde lokalisiert, die quasi wie ein Team zusammenarbeiten, um diese neun Funktionen für uns verfügbar zu machen.

Die formalen Namen dieser Hirnbereiche sind weniger interessant, sie lauten: cingulärer Kortex, orbitofrontaler Kortex, medialer präfrontaler Kortex und dorso-lateraler präfrontaler Kortex. Wichtiger und aufschlussreicher sind die Funktionen, die durch das Zusammenspiel dieser verschiedenen Bereiche des präfrontalen Kortex gesteuert werden.

Die erste Funktion besteht in der *Regulation des Körpers* vor allem über das autonome Nervensystem. Dieses autonome Nervensystem hat zwei Zweige: Der eine, der sympathische Zweig, aktiviert das System; der andere, der parasympathische Zweig, dämpft das System wie eine Bremse. Durch das geordnete, vom präfrontalen Kortex gelenkte Zusammenspiel dieser beiden Zweige sichern wir die Balance unserer körperlichen Reaktionen, indem wir nämlich den Beschleuniger und den Bremser in einem guten Ausgleich halten.

Wie das geschieht, lässt sich anhand eines kleinen Experiments veranschaulichen: Wenn Sie ihre Augen schließen, sagen Sie zu sich selbst jetzt ein paar Mal: »Nein, nein, nein, nein, nein, nein, nein.« Prüfen Sie bitte, was dabei in und mit Ihnen geschieht. Vor allem sollten Sie versuchen, den Unterschied zu erspüren, wenn sie nun im zweiten Teil des Experiments im Stillen zu sich selbst: »Ja, ja, ja, ja, ja, ja, ja« sagen. Wenn Sie bereit sind, machen Sie die Augen wieder auf. Haben Sie den Unterschied gespürt? Wie hat sich das Nein angefühlt? Deprimierend, deaktivierend, von Erstarren überlagert, eng? Und das Ja: Welche Qualität hat es? Öffnend, entspannend, warm? Manche Menschen beschreiben den Unterschied zwischen diesen beiden Erfahrungen so, als würde man bei »nein« plötzlich auf die Bremse und bei »ja« auf das Gaspedal treten.

Es ist der mittlere präfrontale Kortex, der die beiden Zweige des autonomen Nervensystems in Balance hält. Und ob man auf der Bremse steht oder das Gaspedal durchtritt, ist offenbar ganz entscheidend davon abhängig, mit welcher Einstellung zu sich selbst und zur Welt man unterwegs ist. Das zu erkennen ist vor allem für Eltern sehr wichtig, weil Elternsein auch darin besteht, als Modell zu dienen und für das Kind zur Verfügung zu stehen, damit es lernen kann, diese Balance für sich selber herzustellen.

Die zweite wichtige Funktion, die vom präfrontalen Kortex gesteuert wird, ist die *eingestimmte Kommunikation*: Gemeint ist damit nicht ein Gespräch, sondern das, was passiert, wenn sich zwei Leute anschauen und sie sich der Resonanz bewusst werden, die bei ihnen durch den jeweils anderen ausgelöst wird. Dieser nonverbale Fluß von Energie und Information ist das, was der mittlere präfrontale Kortex ermöglicht. Er ist etwa beim Blickkontakt und beim Austausch von anderen nonverbalen Signalen besonders stark aktiviert. Diese Funktion ist für die Interaktion von Menschen, vor allem zwischen Eltern und ihren Kindern, enorm wichtig. Eingestimmte Kommunikation ist das zentrale Merkmal, das Wohlbefinden in der Eltern-Kind-Beziehung überhaupt erst ermöglicht.

Die dritte wichtige Funktion der präfrontalen Rinde hat etwas mit der *emotionalen Balance* zu tun, in der wir uns befinden und die wir aktiv regulieren können, weil die mittleren präfrontalen Bereiche ihrerseits wieder die limbischen und Hirnstammbereiche regulieren, in denen die Emotionen erzeugt werden. Auch in dieser Beziehung stehen die Eltern ihren Kindern als Vorbilder zur Verfügung, die ihnen die Fülle von Emotionen überhaupt erst erfahrbar machen. Das heißt, dass der präfrontale Kortex der Bereich ist, der erlaubt, dass Emotionen überhaupt entstehen können und das Leben als bedeutungsvoll erfahren werden kann. Gleichzeitig reguliert dieser Bereich die emotionale Balance und bringt die Emotionen in einen harmonisierten, flexiblen, anpassungsfähigen Fluss. Wenn Emotionen nicht in Balance sind, dann fallen wir von einem Extrem ins andere, von zu großer Rigidität, in der wir uns höchst eingegrenzt und eingeschränkt bewegen bzw. nicht bewegen, bis hin zum Chaos, in das wir stürzen, so dass wir alles durcheinanderbringen. Rigidität und Chaos wären quasi die beiden Pole oder Ufer außerhalb dieses harmonisierten Flusses, den der präfrontale Kortex herstellen kann.

Die vierte wichtige Funktion des präfrontalen Kortex ist die *Reaktionsflexibilität*. Dabei wird die Art und Weise gesteuert, wie wir Energien und Informationen aufnehmen und wie wir darauf reagieren. Insbesondere geht es dabei um eine angemessene Reaktion, die wir aus unseren Möglichkeiten aussuchen, und um die Vermeidung von reflexhaftem und damit tendenziell weniger angepasstem Verhalten.

Funktion Nummer fünf ist das, was wir üblicherweise mit *Einsicht* umschreiben. Wir meinen damit das Zusammenführen von Landkarten der Vergangenheit mit Erfahrungen in der Gegenwart und mit Erwartungen, die auf die Zukunft bezogen sind. In vieler Hinsicht ist also dieser mittlere präfrontale Kortex ein Werkzeug zum Selbstverständnis, das sich aus individueller Geschichte, Gegenwartsbezug und Zukunftsperspektive ergibt. So lernen wir nach und nach die neuronalen Korrelate davon kennen, wie ein Individuum in die Lage versetzt wird, den Geist seines Selbst zu erkennen. Das ist der erste Teil von dem, was ich »Mind-Sight« nenne oder »Geistsicht«.

Die sechste Funktion des präfrontalen Kortex umfasst den zweiten Teil dessen, was ich Geistsicht nenne, nämlich die *Empathie*, die Fähigkeit, sich in andere Menschen hineinzuversetzen und zu fühlen, was in diesen anderen Menschen vorgeht. Viele Untersuchungen mit bildgebenden Verfahren sind durchgeführt worden, um herauszufinden, wie wir uns gegenseitig verstehen. Und wenn man sich diese Bilder, diese Scans anschaut, sieht man immer den mittleren präfrontalen Kortex in einem aktivierten Zustand. Wenn Eltern eine Einsicht in ihre eigene Geschichte haben und gleichzeitig zur Wahrnehmung und Reflexion der inneren Welt des Kindes in der Lage sind, wird das möglich, was wir Bindung nennen und was für die Entwicklung eines sozialen Wesens wohl unerlässlich ist.

Die siebte spannende Funktion der präfrontalen Rinde besteht darin, Furcht und Angst zu verarbeiten und zu überwinden (*Angstbewältigung*). Wenn wir ein Trauma erfahren haben, kann sich eine Furchtreaktion im Hinblick auf diese Erfahrung ausbilden, die auch noch lange nach dem Trauma bestehen bleibt. Wenn das Trauma überwunden werden kann, werden – wie zahlreiche Studien bei Menschen und Tieren zeigen – verstärkt inhibitorische, also hemmende, Verbindungen von der präfrontalen Rinde zu den emotionalen Zentren in Mittelhirn und dem Hirnstamm ausgebildet. Auf diese Weise kann vom präfrontalen Kortex die Angst und Furchtreaktion gemindert werden.

Funktion Nummer acht ist ein Zugang zur *Intuition*: Neurowissenschaftlich heißt Intuition, dass die Energie und Information aus dem neuronalen Netzwerk verfügbar wird, das um das Herz und die inneren Organe herum angeordnet ist. Diese Information kann vom mittleren präfrontalen Kortex gelesen werden. Wenn wir solche Metaphern benutzen wie »offenherzig sein« oder »mein Bauchgefühl respektieren«, dann sind das nicht nur poetische Bilder, sondern neurobiologische Mechanismen, die inzwischen recht gut untersucht sind. Eigentlich ist es doch nichts Überraschendes, dass wir die gesamten Informationen unseres Körpers aufnehmen und verarbeiten können. Allerdings können wir sie auch abwehren, negieren. Wenn wir unser Bewusstsein für die so bereitstehende Intuition öffnen, dann machen wir uns diese Prozesse über den mittleren präfrontalen Bereich zugänglich und damit bewusst.

Die neunte und damit zunächst in dieser Zusammenstellung wichtigste Funktion der präfrontalen Rinde hat etwas mit unserem *Moralgefühl* zu tun. Um sich dafür zu entscheiden, sich auf eine Weise zu verhalten, die dem größeren sozialen Ganzen dient, auch oder gerade dann, wenn man alleine und unbeobachtet ist, braucht man einen intakten mittleren präfrontalen Kortex.

Betrachten wir nun diese neun Funktionen noch einmal als Ganzes, so wird erkennbar, dass sie in ihrem Zusammenspiel letztlich verantwortlich sind für das, was eine Persönlichkeit ausmacht. Jede und jeder wird sich wünschen, dass diese Funktionen des mittleren Kortex bei sich selbst, bei seinem Partner, den verantwortlichen Politikern usw. voll funktionstüchtig sind. Also haben wir der entscheidenden Frage nachzugehen, unter welchen Bedingungen diese Funktionen und die diesen Funktionen zugrundeliegenden neuronalen Netzwerke im präfrontalen Kortex optimal entfaltet werden können. Zur Überraschung auch der Neurobiologen hat sich gezeigt, dass nicht die Gene oder ein bestimmtes Lernprogramm dafür verantwortlich sind, sondern dass die ersten sieben der neun Funktionen sich im Zusammenhang mit der Eltern-Kind-Beziehung entwickeln – oder auch nicht entwickeln In zahlreichen Untersuchungen der fast 70 Jahre alten Bindungsforschung hat sich völlig unabhängig von der Hirnforschung gezeigt, dass Eltern diese Funktionen mehr oder minder unbeabsichtigt in ihren Kindern hervorbringen oder behindern können.

Wir haben hier also zwei vollständig voneinander getrennte Wissenschaftsansätze, die in die gleiche Richtung weisen: hier die Hirn-, dort die Bindungsforschung. Inzwischen ist noch eine weitere Disziplin zu den gleichen Schlussfolgerungen gelangt: das breite Feld der achtsamkeitsbasierten oder der Achtsamkeitsmeditation. Auch sie fördert die Herausbildung und Stabilisierung dieser neun Funktionen. Auch all jene Forscher, die sich mit Fragen der psychoemotionalen Gesundheit beschäftigen, nennen diese neun Punkte, um auszudrücken, was für die Aufrechterhaltung geistiger Gesundheit entscheidend ist.

Jetzt können wir auch zurückkehren zu Liane und ihrer Mutter Barbara. Aus dem bisher Dargestellten wird klar, was der Mutter fehlte, und ich werde es mein Leben lang nicht vergessen, wie sie es ausdrückte. Sie sagte: »Wenn ich das in Worte fassen sollte, was mit mir passiert ist, dann würde ich sagen, ich habe meine Seele verloren.« Und da war nichts mehr, was wir hätten sagen können. Das war genau das, was Liane und ihr Vater gespürt hatten, was seit dem Unfall bei ihrer Mutter nicht mehr da war. Ihre Hirnverletzung hatte all diese Veränderungen in ihrem Geist und in ihren Beziehungen hervorgebracht.

Was in der Geschichte von Liane zum Ausdruck kommt, ist ein sehr trauriges Beispiel dafür, was passiert, wenn unser Gehirn bzw. der präfrontale Kortex nicht mehr in der Lage ist, diese Funktionen zu integrieren. Die Mutter Barbara hatte ihre Seele verloren und damit auch ihre Fähigkeit, ihre Kinder zu lieben. Ein Teil der Therapie bestand darin, den Kindern, der Mutter und ihrem Ehemann zu erlauben, über diesen gravierenden Verlust zu trauern. Trauern ist eine Form von Integration: von dem nämlich, was du einmal hattest in das, was du jetzt hast. Glücklicherweise ist es Barbara im Verlauf der Therapie ein Stück besser gegangen, sie blieb jedoch relativ behindert. Ihre Kinder waren aber in der Lage, diesen Verlust zu verarbeiten, und konnten wieder für sich selbst in ein sinnvolles Leben hineinwachsen, das Hoffnung beinhaltet. In vieler Hinsicht konnten sie diesen Verlust verarbeiten und in ihrem Leben weiter vorangehen. Diese klinische Erfahrung zeigt deutlich, wie sich Geist, Gehirn und Beziehungen wechselseitig beeinflussen, ohne sich aufeinander reduzieren zu lassen. Der mittlere frontale Kortex ist für die Integration dieser Bereiche zuständig, so dass sich als Ergebnis dieser Integrationsleistung gute Bindungen, geistige Gesundheit und körperliches Wohlbefinden ergeben.

Wenn wir an unser Dreieck von Geist, Gehirn und Beziehungen denken, dann könnte man sagen, dass es durch die Verletzung von Lianes Mutter aufgebrochen worden ist. Energie und Information konnten nicht mehr so fließen, wie das früher der Fall war. Das Gehirn, Barbaras präfrontaler Kortex, konnte vieles nicht mehr regulieren. Der Geist war verändert und das war nicht mehr mitteilbar. Also haben sich auch die Beziehungen verändert.

Integrationsfähigkeit

Wie wichtig die präfrontale Rinde für die Persönlichkeit und ihre Beziehungen ist, lässt sich an einem Bild verdeutlichen: Wenn Sie ihre Handfläche ansehen, dann den Daumen nach innen drehen und die Finger über dem Daumen schließen, dann haben Sie ein grobes Modell des Gehirns. Die Stirn wäre dort, wo Sie die ersten Fingerknöchel sehen, oben wäre der Scheitel, und der Hinterkopf wäre Ihr Handrücken. Wenn Sie nun die Finger kurz ausstrecken sehen Sie den Daumen als Limbisches System, und wenn Sie den aufklappen, dann käme Ihre Handfläche als Hirnstamm zum Vorschein, das Handgelenk wäre die Wirbelsäule mit dem Rückenmark. Wir haben also oben den Kortex. Der Teil vom ersten Fingerknöchel hinunter bis zu den Fingernägeln wäre der präfrontale Kortex. Der Bereich der unteren Fingerglieder würde den mittleren präfrontalen Kortex repräsentieren.

Wenn Sie die Finger nun auf- und dann wieder zuklappen, entdecken Sie, dass Mittel- und Ringfinger (der mittlere frontale Kortex) sehr dicht auf dem Daumen liegen, der das Limbische System in unserem Bild abgibt. Dieser mittlere präfrontale Kortex liegt auch sehr nahe am Hirnstamm (Handfläche) und ist gleichzeitig mit dem Kortex verbunden. Er ist – das dürfte aus diesem Bild deutlich werden – der zentrale soziale Schaltkreis des Gehirns, über den Informationen aus dem gesamten Körper laufen. Dieser Teil empfängt Informationen vom Nervensystem anderer Menschen. Es ist der Teil des Gehirns, der sich insbesondere dadurch auszeichnet, dass er ein Verbindungsglied darstellt zwischen dem Somatischen, also dem Körper, dem Hirnstamm, dem limbischen Bereich und dem Kortex – und gleichzeitig der ganzen sozialen Welt anderer Gehirne. All diese Informationen laufen in ihm zusammen, und er hat sie zu koordinieren.

So erweist sich dieser besonders komplexe Bereich des menschlichen Gehirns, der präfrontale Kortex, als ein lebendiges Beispiel für die Realisierung der eingangs bereits beschriebenen Aufgabe, dass es im Verlauf unserer Entwicklung zur Spezialisierung und Differenzierung kommt, die aber in ein Ganzes eingebettet integriert ist. Denn das bedeutet Integration: Spezialisierung zu ermöglichen, indem die spezialisierten Teile miteinander verbunden bleiben und auf diese Weise ein sich fortwährend weiterentwickelndes Ganzes formen. Und genau das machen wir auch jetzt, wenn wir über Gehirn, Geist, Beziehungen, geistige Gesundheit, Spiritualität und Wissenschaft sprechen.

Aber was ist eigentlich Integration, und wie funktioniert sie? Da es hierzu bislang keine einfachen Antworten gibt, möchte ich Ihnen lediglich einen wissenschaftlichen Ansatz beschreiben, der vielleicht für das Verständnis dieses komplexen Phänomens hilfreich sein kann. Sicher spüren viele von uns in ihrem Körper, dass es gut ist, verschiedene Dinge miteinander zu verbinden; dass Integration etwas Gutes ist. Trotzdem wäre es hilfreich, eine wissenschaftliche Erklärung dafür zu haben. Gleichgültig, ob man sich als Sozialwissenschaftler, Entwicklungspsychologe oder Hirnwissenschaftler mit Emotionen beschäftigt. Immer stößt man auf Integrationsprozesse, aber immer bleibt auch unklar, was sie überhaupt sind und wie sie funktionieren.

Einen Wissenschaftszweig glaube ich gefunden zu haben, der ansatzweise erklären könnte, warum Integration gut ist. Es handelt sich um einen Zweig der Mathematik, die Komplexitätstheorie. Sie besagt – kurz zusammengefasst –, dass es Systeme gibt, die zum Chaos fähig sind, aber auch offen sind, sich auf eine Art zu organisieren, dass maximale Komplexität entsteht. Das ist ein sich selbst organisierender Prozess, in dem fortwährend versucht wird, differenzierte, spezialisierte Teile miteinander zu verbinden, so dass ein Zustand entsteht, in dem alle einzelnen Teile im Ganzen einen Sinn bekommen. Diesen Zustand nennt man dann maximierte Komplexität. Wenn ein System dazu befähigt ist, dann ist es besonders flexibel, extrem anpassungsfähig, am meisten kohärent. Es kann viel Energie tragen und bleibt dabei gleichzeitig stabil. Auf der Grundlage der Komplexitätstheorie lässt sich vorhersagen, dass so ein flexibler Fluss, der durch Integration ermöglicht oder erreicht wird, an beiden Seiten eingegrenzt und gehalten werden muss: durch Rigidität auf der einen und durch Chaos auf der anderen Seite.

Mentale Gesundheit wäre dann, aufbauend auf unserer Definition des Geistes, Ausdruck eines integrierten Systems. Wenn es also immer wieder gelingt, differenzierte Teile miteinander zu vernetzen, wird man automatisch einen Weg in Richtung Gesundheit einschlagen. Betrachten wir unter diesem Gesichtspunkt noch einmal die Funktionen des mittleren präfrontalen Kortex, so wird deutlich, dass er ganz zentral dazu beiträgt, wie der Geist gemachte Erfahrungen integriert. Ein Blick in das psychiatrische diagnostische Handbuch des DSN4 – oder des ICD 10 – macht schnell deutlich, dass jedes Symptom, das darin beschrieben wird, entweder ein Ausdruck von zu viel Chaos oder von zu viel Rigidität ist. Sie können das gern selbst überprüfen. In diesem Fokus betrachtet ist der gesamte Bereich der psychischen Störungen ein Ausdruck von behinderter Integration.

Das Singen in einem Chor ist ein sehr schönes Beispiel für

Integration. Wir können uns folgende Experimente vorstellen: erstens das Singen eines vorgegebenen Tones, zweitens, dass jede und jeder das laut singt, was er oder sie singen möchte, und sich dabei die Ohren zuhält. Als drittes Experiment singt der Chor zusammen ein Lied. Einen Chorleiter gibt es allerdings nicht.

Lassen Sie uns anschauen, wie unser gedachter Chor mit Komplexität umgeht. Im ersten Experiment gibt es kaum eine Differenzierung der Stimmen, alle singen den gleichen Ton. Das wäre ein Beispiel für Vorhersagbarkeit, für Rigidität. In diesem Zustand ist das System nicht differenziert, es ist damit auch kein integriertes System. Und wie unterscheidet sich dieses Resultat vom Ergebnis des zweiten Experiments, wo sich die Menschen die Ohren zuhalten und singen, was immer sie wollen, und zwar ziemlich laut? Das ist Chaos. Also auf der einen Seite keine Integration, sondern Rigidität, und im zweiten Beispiel eine Kakophonie von Unvorhersehbarkeit oder Chaos. Nur wenn man erlaubt oder dafür sorgt, dass die Stimmen gleichzeitig differenziert und miteinander verbunden sind, sich also miteinander abstimmen und aufeinander einstellen können – wie im dritten Beispiel –, dann entsteht das, was wir als Harmonie empfinden. Harmonie ist nicht nur eine ästhetische, sondern auch eine technische Größe. Liegt sie vor, so bündeln sich die Kräfte eines Systems, es ergibt sich das Erleben von Schwung und Energie und von Flexibilität.

Nur wenn Bindungsbeziehungen so beschaffen sind, dass Eltern und Kinder einerseits ihre unterschiedlichen Rollen leben können und gleichzeitig im echten Wortsinne miteinander verbunden sind, kann eine Familienbeziehung entstehen, die Integration fördert. Dann kann man erleben, wie Energie und Information in diesem harmonisch-integrierten Zustand sozusagen surft. Genau dieses Teilen von Energie und Information – davon sind wir überzeugt – ist der entscheidende und anhaltende Stimulus für diejenigen Bereiche im Hirn, die neuronale Integration brauchen und selbst wieder schaffen.

Schaut man sich Studien über Kinder an, die keine guten oder gesunden Bindungsbeziehungen hatten, die vernachlässigt oder missbraucht worden sind, dann lassen sich in aller Regel gravierende Auswirkungen auf das Gehirn feststellen. Besonders die integrativen Verschaltungsmuster und Funktionen der präfrontalen Rinde sind beeinträchtigt oder unzureichend ausgebildet.

Achtsamkeit

In meinem auch auf Deutsch vorliegenden Buch »Das achtsame Gehirn« (2007) beschreibe ich Studien über Achtsamkeit und das Gehirn. Sie alle unterstützen die These, dass Achtsamkeitspraktiken das Wachstum von integrativen Vernetzungen im Gehirn fördern. Im Zustand der Achtsamkeit wird die Aufmerksamkeit von dem für viele Menschen sehr wichtigen Überzeugungsmuster (»belief-system«) abgelenkt, dass es ein Selbst gäbe, das getrennt von allen anderen Personen sei. Einstein nannte das eine optische Halluzination. Das wäre so, als würde im Herzen eine Zelle, die neben der anderen Zelle liegt, behaupten: »Ich bin getrennt von dir, mach dich davon, das ist mein Land, hau ab.« Wie könnte das Herz funktionieren, wenn einzelne Zellen auf die Idee kämen, getrennte Identitäten zu sein? Der Glaube, als Menschen voneinander abgetrennt zu sein, ist wohl einer der größten Irrtümer, dem wir allzu leicht verfallen.

Wenn wir noch einmal alles betrachten, was ich hier zu beschreiben versucht habe, dann wird nur allzu deutlich, dass die einzige Hoffnung für unser Überleben darin besteht, Menschen aufzuwecken und sie dafür zu sensibilisieren, dass sie selbst aus eigener Anschauung und Erfahrung zu erkennen in der Lage sind, wie wichtig es ist, unsere differenzierten Leben miteinander zu verbinden. Achtsamkeit ist ein Weg, wie Menschen zu dieser Erkenntnis gelangen können. Das menschliche Gehirn ist zeitlebens lernfähig und in der Lage, seine innere Organisation zu verändern, wenn Menschen beginnen, ihr Gehirn auf eine andere

Weise als bisher zu nutzen. Es sind oft schon während der frühen Kindheit von anderen Menschen übernommene Denkmuster und Bewertungen, die Menschen dazu bringen, einen falschen Eindruck von Identität zu gewinnen. Diese transgenerationalen Übertragungsprozesse lassen sich durchbrechen, wenn die erwachsenen Vorbilder für die Kinder sichtbar und erlebbar machen, was ihnen moralisches Empfinden bedeutet, welchen tieferen Sinn ihr Mitgefühl und ihre Empathie für sie haben, wenn sie sich um Integration statt um Trennung bemühen. Längst sind wir in der Lage zu erkennen und zu beschreiben, was geschehen müsste, damit diese integrativen Funktionen im Gehirn zum Wachsen gebracht werden. Die Fähigkeit, seine eigenen Potenziale zu erkennen und zu entwickeln, ist das herausragende Merkmal des Menschen. Diese Selbstreflexionsfähigkeit braucht unsere Spezies überlebensnotwendig, um dem Chaos und der Starre gleichermaßen zu entgehen. Wir wissen im Prinzip, wie wir Kinder zur Reflexion erziehen können, so dass sie offen werden für größere Realitäten als die des eigenen Selbst, dass sie lernen, sich selbst als ein Teil dieser menschlichen Spezies zu erkennen und objektiv zu sein im Hinblick auf Geist, Gehirn und Beziehungen. Objektiver Beobachter sein zu können und sich selbst als Teil eines größeren Ganzen fühlen zu können, ist Ausdruck von Reflexionsfähigkeit, und all dies erwächst als eine besondere Leistung des Menschen aus der Funktion des präfrontalen Kortex. Gemeinsam können wir das Wachstum von Kindern fördern: in Familien, in Schulen und überall dort, wo Menschen sich darum bemühen, sich tiefer bewusst zu werden, wie sehr wir miteinander verbunden sind. Auch mit dem Zusammenführen von klassischen oder auch modernen Wissenschaften einerseits und von Spiritualität andererseits machen wir auf einer anderen Ebene genau das: Integration, Harmonisierung in Richtung größerer und leistungsfähigerer Einheiten, so dass wir auch die Kraft haben, die neuen Herausforderungen zu meistern und sie zu integrieren.[4]

Von der Neurobiologie zur Psychologie

Wolfgang Roth

Eigenständigkeit der Psychologie

Wenn sich die Wissenschaft von dem der Psychologie zugrunde liegenden Organ, dem Gehirn, verändert, muss sich dann nicht auch die Psychologie verändern? Wie eigenständig ist die Psychologie gegenüber der Neurologie? Wird sich die Psychologie bald schon als überflüssig erweisen, weil alles neurologisch geklärt ist und die Gedanken und Gefühle als Folge von ... erklärt werden können? Das sind die Fragen, die angesichts der rasanten Entwicklung von Untersuchungsmethoden in den Neurowissenschaften diskutiert werden (siehe etwa Gehirn&Geist-Dossier 1/2008) und die letztlich an das alte und bislang ungelöste Leib-Seele-Problem rühren: Lässt sich die Frage, wie aus Materie Geist wird und wie beide aufeinander bezogen sind, dadurch lösen, dass der Geist als energetischer Austausch zwischen Ganglienzellen »erklärt« wird? Daniel Siegel hat im vorstehenden Beitrag klargemacht, dass Geist und Gehirn nicht aufeinander zurückgeführt werden können. Dennoch bleibt die Frage, ob wir den freien Willen und das Entstehen von Gefühlen auf Materie und Energie reduzieren können, oder ob – und wenn ja, wie – der qualitative Sprung bestehen bleibt. Immerhin lassen sich schon jetzt durch gezielte Stimulation unseres Hirns bestimmte Gefühle und Stimmungen auslösen und Krankheiten wie die Depression beeinflussen. Ist das die neue Psychologie? Oder bleibt da ein entscheidender Rest, der sich mit dem Selbst, dem Ich, dem Wollen und der Moral der Menschen beschäftigt und der aus dem *Erleben* der Menschen, deren Denken und Handeln zu verstehen ist und sie über die Pädagogik und Erziehung zu formen versucht? Man kann das Beispiel der unfallverletzten Barbara im vorangehenden Beitrag auch so verstehen, dass das Gehirn eben doch die entscheidende Basis allen Erlebens ist, ohne die alles nichts ist, wenn auch das Gehirn nicht alles ist.

Um diese Fragen angehen zu können, sollten wir uns zunächst ansehen, wie die Psychologie arbeitet: Psychologie ist die Wissenschaft von der Seele – so die wörtliche Übersetzung des griechischen Namens. Allerdings hat noch niemand eine Seele gesehen, und insofern war die Psychologie im Vergleich zu den Naturwissenschaften lange Zeit in einer schwierigen Lage. Sie musste sich ihren Gegenstand aus einem Wust an Erleben und Verhalten der Menschen heraus regelrecht erschaffen, so dass man die einzelnen Bereiche oder Eigenschaften wie Intelligenz, Motivation, Gefühle, Charakter usw. auch als »Konstrukte« bezeichnet. Dabei gibt es zwei Wege, um zu solchen hypothetischen Gebilden zu kommen: Einerseits kann man darüber nachdenken und das *Wesentliche* des Menschen insgesamt oder von Teilen seiner Persönlichkeit wie der Intelligenz, Motivation usw. zu *verstehen* suchen. So naheliegend dieser Weg ist, der über Jahrtausende hinweg auch begangen wurde, so beliebig muss das Ergebnis erscheinen. Während der eine das Wesen der Intelligenz darin sieht, dass ein Mensch in der Lage ist, logisch zu denken, sieht es ein anderer darin, sein Leben zu meistern, besonders klug zu reden, Maschinen zu konstruieren, Bilder zu malen oder Musik zu komponieren. Und woran erkennt man das eine oder das andere? Es gibt kein Entscheidungskriterium dafür, wer »recht hat«. Eine Einigung konnte immer nur dort erreicht werden, wo sich die Autorität und Überzeugungskraft einzelner Wissenschaftler durchgesetzt hat.

Vor etwa hundert Jahren hat sich deshalb der Behaviorismus auf die von allen zu beobachtenden und zu kontrollierenden Handlungen der Menschen konzentriert: Die Frage, was einer tut, der motiviert, intelligent usw. ist, führt zu einer »operationalen Definition«, die zwar auch umstritten sein und verändert werden kann, die aber ein genaues Messen und damit eine Verständigung unter den Wissenschaftlern und kontrollierbare Forschung ermöglicht. So eingeschränkt diese auch sein mag: Nur Experimente erlauben die Überprüfung von Kausalitäten, auf die sich erst Theorien mit Vorhersagemöglichkeiten aufbauen lassen.

Inzwischen ist dieser enge Behaviorismus pragmatischen Formen gewichen, die auch Äußerungen, Meinungen etc. der Menschen über ihr reines Verhalten hinaus als Grundlage von Forschung akzeptieren. Die Modelle, die dabei für die Seele als Ganzes, für ihre Teilbereiche und ihre Funktion entstehen, sind aber nach wie vor großenteils aus den Naturwissenschaften und aus der Technik entlehnt. Das ist nicht unwichtig, denn am Anfang eines Forschungsprozesses stehen nicht die Forschungsergebnisse, sondern Theorien, die aus alltäglichen Erfahrungen und aus den Vorstellungen der Wissenschaftler stammen. Sie geben die Fragestellung, die Untersuchungsmethoden und somit auch die zu erwartenden Ergebnisse weitgehend vor, so dass viele von einem Zirkelprozess sprechen. Ein gutes Beispiel dafür sind die Kommunikationsmodelle, die sich ursprünglich eng an das Modell des Telefons anlehnen und von Sender und Empfänger, von Kanal, von Rauschen (Informationsverlust), von Zeichenvorrat (Sprache) usw. sprechen. Der Streit darüber, ob der Mensch dadurch von sich selbst die Vorstellung von einer Maschine habe, ist so alt wie die Psychologie als eigenständige Wissenschaft. Er besteht also seit Wilhelm Wundts Begründung eines psychophysischen Labors 1879 in Leipzig. Gegenstand der Untersuchung waren die Empfindungen, deren Elemente man – ähnlich wie die Chemie es tut – ausfindig machen wollte. Damit sollte die Psychologie die höheren Weihen einer von der Philosophie unabhängigen Wissenschaft erhalten. Bald aber schon regten sich Bedenken gegen diese Vorgehensweise und vor allem gegen diese Modellvorstellung. Ernst Mach schrieb bereits 1886 in seinen »Beiträgen zur Analyse der Empfindungen«, dass wir nicht nur einzelne Töne, sondern auch Melodien als Ganze empfinden. Der österreichische Philosoph Christian von Ehrenfels formulierte vier Jahre später die Übersummenhaftigkeit und die Transponierbarkeit als sog. »Gestaltqualitäten«, mit denen sich unsere immer schon komplexen Empfindungen kennzeichnen lassen. Unser Erleben ist demnach immer etwas Ganzheitliches, in dem die Elemente nicht mehr als solche erkennbar sind. Deutlich machte er dies an Melodien, deren einzelne Noten sich bei einer Transponierung in eine andere Tonlage gänzlich verändern können und die wir dennoch als dieselbe Melodie erleben. Das war der Beginn eines intensiven und eigenständigen Forschens der Psychologie, die endlich im individuellen Erleben ihren Gegenstand und ihre Unabhängigkeit von – oder gar Gegensätzlichkeit zu – naturwissenschaftlichen Vorstellungen und Theorien gefunden hatte. Bald schon wurde auch darüber spekuliert, wie solches Erleben im Gehirn repräsentiert sein kann, ob als einzelner Vorgang oder als komplexes Erregungsmuster, das sich erst auf Grund von Erfahrungen ausbildet. Jäh beendet wurde dieser Weg durch den Nationalsozialismus, der die Mehrzahl der Psychologen zur Emigration aus Europa trieb. Die Psychologie verkam in Deutschland weitgehend zur Militärpsychologie und wurde an den Universitäten mit einem Diplom-Studiengang und entsprechender Ausstattung etabliert. In den USA blieb der Behaviorismus, der den Menschen als genetisch nicht festgelegt und offen für die (Erziehungs-)Einflüsse der Gesellschaft sah, bis in die 40er-/50er-Jahre vorherrschend. Das passte zur amerikanischen Ideologie vom Selfmademan und Aufsteiger. Im Schatten dieser Ideologie und parallel zur humanistischen Reaktion des – körperlich behinderten! – Präsidenten Roosevelt auf die Weltwirtschaftskrise (New Deal) entwickelte sich die Gestaltpsychologie in den USA zur »Humanistic Psychology«, während die Deutschen ihr Heil in der Diktatur suchten.

Dieser kurze Rückblick soll zweierlei deutlich machen: Einerseits gibt es keine von den anderen Wissenschaften und von der Politik unabhängige Forschung, und andererseits gibt es nicht *die*

Psychologie, sondern ganz unterschiedliche Vorstellungen hinsichtlich Modell- und Theoriebildung, Forschungsmethoden und Schwerpunkten. Stärker als in jeder anderen Wissenschaft muss sich der Psychologe fragen, welches Menschenbild er seinem Forschen und Handeln in Beratung und Therapie zugrunde legt. Wir meinen hiermit nicht die moralische Entscheidung, die auch der Naturwissenschaftler zu treffen hat, was er nämlich mit seiner Forschung bewirkt (falls er dazu überhaupt den nötigen Abstand und Überblick hat). Beim Psychologen geht es darum, welches *Grundverständnis* er von sich und den Menschen generell hat. Denn das wird seine Fragestellungen und damit sein Forschen und Handeln in Beratung, Therapie, Erziehung usw. bestimmen, weil seine Voreinstellungen dadurch tendenziell bestätigt werden.

Demgemäß sind die großen Hoffnungen eher naiv, dass das Seelenleben der Menschen künftig direkt per Ableitung der Gehirnaktivitäten über Elektroden und durch Beobachtung mittels funktioneller Kernspintomographie, Elektro- oder Magnetenzephalographie u. a. zu verstehen sei. Es wird immer darauf ankommen, welches Selbstverständnis der Forscher hat, da er entsprechend seine Fragen formuliert und seine Ergebnisse interpretiert. Nur wer eine mechanistische Vorstellung vom Menschen hat, wird die Rückführung des Erlebens auf Hirnaktivitäten als relevant für das Verständnis des Menschen ansehen. Damit bleibt der Neurowissenschaft die Möglichkeit unbenommen, die dem Erleben zugrunde liegende Physiologie zu verstehen und z. B. bei krankhaften Vorgängen auch zu beeinflussen. So wenig aber, wie die Chemie des Mörtels und statische Gesetzmäßigkeiten ein Haus ausmachen, so wenig machen die Neurowissenschaften die Psychologie aus. Eher im Gegenteil: Architekten waren schon immer darum bemüht, die naturwissenschaftlichen Grenzen von Statik und Baumaterial so weit wie möglich auszureizen. Sie wollen eigenwillige Gebäude entstehen lassen, die gerade nicht durch die Statik begrenzt, sondern durch ihre Vorstellungen inspiriert sind. Der Baumeister des Menschen ist er selbst, seine gesellschaftlichen und Entwicklungserfahrungen und die über die Evolution entstandene genetische Ausstattung. Dabei hat nicht das Gehirn das Erleben entstehen lassen und über Jahrmillionen geformt, sondern umgekehrt hat sich das in der Evolution bewährte Erleben als Handlungssteuerung eine physiologische Basis geschaffen, die teils genetisch verankert ist und dann ganz individuell im Laufe eines Lebens ausgestaltet wird. So spannend es ist zu erforschen, welche Möglichkeiten die Evolution gefunden hat, individuelles Erleben zu ermöglichen und physiologisch zu dokumentieren, so wenig scheint mir das Nachzeichnen dieser Prozesse geeignet, die Persönlichkeit in ihrer Eigenwilligkeit so weit zu verstehen, dass Vorhersagen hinsichtlich der Lebensgestaltung möglich werden. Die von Siegel herausgestellte Integration von Perspektiven, Gefühlen und Impulsen zwischen Rigidität und Chaos ist – wie wir gesehen haben – zwar neurologisch basiert, aber das Gehirn ist nicht wirklich die Ursache, sondern eine Folge des evolutionären Vorteils einer solchen, die Kräfte unterschiedlicher Systeme bündelnden Harmonie.

Sinn in der Psychologie

Nicht aus der Theorie, sondern aus der therapeutischen Praxis und aus eigener leidvoller Erfahrungen hat Victor Frankl (1905–1997) den Sinn zum zentralen Begriff seiner *Logotherapie* gemacht. Er sieht in der »Sinnleere« das zentrale Leiden der Gesellschaft und auch die Ursache von psychischen Krankheiten und fordert deshalb eine »Sinnlehre«, eine Anleitung, wie jeder seine Sinnmitte finden kann. Neben der physischen und der psychischen Dimension sieht Frankl eine dritte, die noetische (Sinn-)Dimension des Menschen, in der sich ein Mensch über seine Psycho-Physis erheben kann – und muss. Tatsächlich erscheint eine Zentralperspektive, von der aus wir unser Leben »im Blick« haben, offensichtlich mehr als nur hilfreich bei der Lebensplanung und -gestaltung. Wenn wir uns selbst und unsere Lebenslage nicht mehr verstehen oder in eine Situation geraten, die uns ausweglos erscheint, macht sich Hilflosigkeit breit, die im wahrsten Sinne des Wortes tödlich ist (Bilz 1971; Seeligmann 1979). Ohne Überblick sind wir verunsichert bis hin zur Handlungsunfähigkeit, weil wir nicht mehr wissen, auf welches Ziel hin wir handeln und wo wir mit welchen Mitteln ansetzen sollen. Wir verlieren damit auch unsere Freiheit, die wir zur Selbstentfaltung und Selbstgestaltung benötigen. Damit können wir auch keine Hoffnung oder gar positive Erwartung in die Zukunft entwickeln, die uns in die Lage versetzt, unsere Kräfte zu mobilisieren oder zu bündeln. Die problematischste aller Neurosen ist nach Frankl daher die »noogene Neurose«, der Verlust von Sinn. Sie ist seiner Einschätzung nach das Hauptleiden unserer Zeit. Seit den 1930er-Jahren hat Frankl seine Logotherapie entwickelt. Eindrucksvoll beschreibt er die Jahre seiner Deportation in verschiedene Konzentrationslager, die er nur mit einer Vorstellung von Menschenwürde als Zentralperspektive überleben konnte. Sie blieb ihm innere Richtschnur seines Handelns auch dann, als sich aus den äußeren Gegebenheiten keine sinnvolle Handlungsperspektive mehr ableiten ließ (Frankl 2005c; 2006c). Das in solchen Situationen meist entstehende und durch die Sinnorientierung von Frankl überwundene Gefühl der Hilflosigkeit hat inzwischen auch in mehr behavioristisch orientierten Ansätzen in der Psychologie und Therapie eine zentrale Bedeutung für die Erklärung von Neurosen und insbesondere der Depression gewonnen (Seligman 1979).

Inzwischen gibt es nicht nur in Wien, wo Frankl vor und nach seiner Deportation nach Auschwitz und in andere Konzentrationslager gelebt und gearbeitet hat, sondern weltweit mehr als 70 Institute zur Logotherapie und Existenzanalyse. In Deutschland sind sie in nahezu allen größeren Städten zu finden. Es gibt eine deutsche und eine internationale Gesellschaft, in der Therapeuten ausgebildet werden und organisiert sind. Mit Beginn 2008 hat sich auch ein Netzwerk gebildet, in dem sich Therapeuten austauschen und Suchende Ansprechpartner finden können (www.netzwerk-logotherapie.de).

Schleifer (1996) hat den logopädischen Ansatz auf die Pädagogik übertragen und gezeigt, dass auch die Schule unter Sinnleere leidet. Die Verabreichung von Wissenshäppchen schafft weder die Orientierung, die notwendig wäre, um eine Lebensperspektive zu entwickeln, noch die Motivation, um sich entsprechendes Wissen und Können anzueignen. Wie ein auf Sinnorientierung ausgerichteter Unterricht praktisch aussehen kann, muss allerdings noch erarbeitet werden. Die in der Einleitung erwähnten Materialien aus anderen Kulturkreisen und anderen Bildungssystemen sind nur teilweise direkt übertragbar und müssen adaptiert werden. Viele Hinweise und ein komplettes Programm findet der Leser aber schon jetzt z. B. in einem Buch zur Förderung der Sozialkompetenz (Roth 2006a). Oft wird die notwendige Sinnorientierung für Lehrer und Schüler als moralische Erziehung missverstanden. Dabei geht es nicht in erster Linie um anständiges und freundliches Verhalten, sondern um die Schaffung eben dieser Zentralperspektive, so dass jemand sich und die Welt in der ihm angemessenen Weise versteht. Aus dieser Perspektive können Schaffenskräfte und Selbstentfaltung erwachsen. Das sozial angemessene Verhalten ist eher die Folge eines solchen positiven Selbstverständnisses. Die von Religionen angebotene kollektive Zentralperspektive mag dem einen oder anderen hilfreich sein, doch entspricht sie nicht immer den berechtigten Forderungen der Aufklärung nach Relativität, Individualität, Selbstbestimmung und Demokratie.

Die Logotherapie wird im Allgemeinen der *Humanistischen Psychologie und Pädagogik (HPP)* zugerechnet, zu der auch die Gesprächspsychotherapie, die Gestalttherapie, das Psychodrama und viele andere Therapie-, Beratungs- und Erziehungskonzepte zählen. Sie grenzen sich alle mehr oder minder deutlich von der Psychoanalyse und vom Behaviorismus ab und teilen die axiomatische Ausrichtung auf das Individuum und auf humanistische Werte. Es handelt sich dabei nicht um eine Ersatzreligion oder einen Religionsersatz, sondern um ein Bündel wissenschaftlicher Konzepte, die einem aufgeklärten Menschenbild gerecht werden und sich in der therapeutischen und pädagogischen Praxis vielfältig bewährt haben.

Im Sinne einer exakten Wissenschaft hat die HPP bei der Gründung der American Association of Humanistic Psychology (1964) fünf Postulate zum Menschenbild formuliert: Ganzheit, Individualität und Eingebundenheit, Bewusstheit, Freiheit mit Verantwortung und Intentionalität. Insbesondere das letzte Postulat ist für unsere Thematik einschlägig: »Menschen setzen sich Ziele, streben nach ihrer Erreichung, sie sind sich bewusst, dass sie damit künftige Ereignisse beeinflussen, sie suchen nach Bedeutungen, Werten und Kreativität, und nur in einem größeren Freiraum können sie sich angemessene Ziele setzen« (Roth 2006b). Diese Axiome sind von sehr erfahrenen Therapeuten und Beratern formuliert worden, die als Wissenschaftler gleichzeitig angeben, unter welcher Perspektive sie ihren »Gegenstand« betrachten. Diese Perspektive ist weder vom Behaviorismus noch von der Tiefenpsychologie geprägt, sondern vom Humanismus, der ihrer Meinung nach als Ausgangsbasis dem Menschen am ehesten gerecht wird. Wer sich frei macht von negativen Voreinstellungen, wird die Menschen so erleben und sie auf ihrem Weg zu ihrer je subjektiven Sinngebung und ihrer entsprechenden Selbstrealisierung auch ermutigen und begleiten können. Gemäß den Modellvorstellungen der HPP ergeben sich in der Entwicklung eines Menschen dann Probleme, wenn Erwachsene in der Umgebung des Kindes glauben, besser zu wissen, was für es gut ist als das Kind selbst. Sie beschädigen die ursprünglich vorhandende Sicherheit und orientieren die Kinder auf das, was sie, die Eltern/Erzieher wollen. Das ist natürlich einfacher, als mit einem eigenständigen Kind umzugehen. Richtig ist aber auch, dass jeder Mensch seinen Platz in der Gemeinschaft finden muss, dass also niemand monadenhaft machen kann, was er will. Hier eine Balance zu finden, ohne das Gespür dafür zu zerstören, was dem Individuum guttut, ist eine hohe Kunst und setzt eine reife Persönlichkeit als Eltern/Erzieher voraus. Sie gälte es in der Ausbildung zum Erzieher und Lehrer zu fördern! Wie aber sollen Lehrer Kinder bei der Entwicklung einer Sinnperspektive unterstützen, wenn sie dies für sich selbst nicht geleistet haben; wenn sie sich in die Aneignung von Theorien flüchten in der Hoffnung, damit ein die Anstellung garantierendes Examen und die Voraussetzung für eine gute Unterrichtspraxis zu erlangen? Auch entsprechen die Lebensumstände in unserer Gesellschaft meiner Einschätzung nach nicht der proklamierten Eigenständigkeit. Eine Waren- und Konsumgesellschaft ist daran interessiert, Konsumenten, d. h. Abhängige zu haben. Diese sollen sich nicht an dem orientieren, was sie tatsächlich brauchen, sondern an dem, was angeboten wird. Sie sollen sich also nicht durch ihr Sein definieren, sondern – wie Fromm es griffig formuliert – durch ihr Haben, also ihren gekauften Besitz.

Vor die Wahl gestellt, sich selbst zu realisieren oder die Zuneigung der Eltern/Lehrer zu verlieren, entscheiden sich Kinder oft zur Aufgabe ihrer Selbstrealisation. So »wissen« sie schließlich nicht mehr, bzw. haben kein Gefühl mehr dafür, was sie wollen und wer sie sein wollen oder sind. Sie definieren sich auf die Wünsche der Eltern und Erzieher hin. Bei den Erwachsenen nehmen die Gruppe, die Mode und die Stars die Stelle der Eltern ein. Ähnlich können – nicht nur sexueller – Missbrauch, Mangel und Verletzungen das Gespür stören oder gar zerstören, dass man eine intakte Einheit ist mit einem klaren Gefühl dafür, was man will.

Aber auch bei großen Störungen und Verletzungen überlässt die HPP dem Klienten die Aktivität, nach einem Bewusstwerden der Situation neue Ziele zu formulieren und angemessene Wege dorthin zu finden. Begleitend realisieren der Therapeut, der Berater oder der Pädagoge eine dem Menschenbild der HPP entsprechende Haltung, die gemäß wissenschaftlicher Erkenntnis dem Betroffenen die Möglichkeit (zurück-)gibt, sich neu zu definieren, zu finden, zu orientieren und Handlungskonzepte zu entwerfen. Die humanistische Pädagogik begleitet den (jungen) Menschen darüber hinaus mit dieser spezifischen Haltung beim Erwerb von Wissen, Kenntnissen und Fertigkeiten, die zum Erreichen der selbst gesteckten Ziele als notwendig oder sinnvoll erkannt werden.

So sehr dies alles einleuchtend und erfahrungsbasiert sein mag, so quer liegt dieser Ansatz nicht nur zur Konsumgesellschaft, sondern auch zum herrschenden Wissenschafts-, Therapie- und Pädagogikverständnis. Dies geht so weit, dass Asendorpf – als der derzeit wohl führende Persönlichkeitsforscher in Deutschland – meint, in seinem Lehrbuch zur Persönlichkeit auf die Darstellung des humanistischen Ansatzes verzichten zu können (2007). Ich halte dies zumindest für ein Missverständnis, denn die Bedeutung einer Persönlichkeitstheorie misst sich nicht an ihrer Brauchbarkeit in wissenschaftlichen Untersuchungen gemäß ihrer Mathematisierbarkeit, sondern an ihrer Effektivität in therapeutischen oder pädagogischen Prozessen. Da die Wachstums- und Gesundungsprozesse je individuell verschieden verlaufen, konzentriert sich der Humanistische Ansatz auf die *Bedingungen*, die in der *Haltung* des Therapeuten, Beraters oder Pädagogen realisiert werden müssen, damit diese Prozesse im Individuum bis hin zur Fähigkeit der Selbstexploration und damit zur Unabhängigkeit bei der Zielsetzung und Zielerreichung stattfinden können (Roth 2006b). Es handelt sich also um einen ganz anderen, vor allem aus der Erfahrung abgeleiteten und für sie konzipierten Ansatz. Es dürfte auch kaum ein Zufall sein, dass die humanistischen Therapieformen trotz ihrer nachgewiesenen Wissenschaftlichkeit und Effektivität nicht bei den Krankenkassen abgerechnet werden können. Da man befürchtet, dass mit der Verbreiterung des therapeutischen Angebotes auch die Inanspruchnahme steigen könnte, wurde diese finanzpolitische Entscheidung getroffen – obwohl nachweislich immer noch eine massive Unterversorgung der Bevölkerung an Psychotherapeuten besteht, und obwohl viele psychische Krankheiten viel zu teuer und falsch als körperliche Krankheiten behandelt werden. Auch führt diese Einschränkung zu einer Verschleierung, da Psychotherapeuten nun generell ihre Gutachten zur Bewilligung von Therapien bei den Kassen auf die beiden zugelassenen Richtungen (Tiefen- bzw. Verhaltenstherapie) hin formulieren – um in der Therapie selbst ggf. nach ganz anderen Methoden zu arbeiten.

Über diese Ansätze hinaus geht die *Transpersonale Psychologie*, die insbesondere den oben bereits erwähnten Grundsatz der Ganzheitlichkeit des Individuums und seine Verbundenheit mit dem sozialen und mentalen Umfeld hervorhebt. Sie betont die nächste Ebene der Ganzheit: Nicht nur die des Individuums und der sozialen Gemeinschaft, sondern die der Menschheit insgesamt und mit geistigen Sphären, über die verbunden wir eine globale Sicht und eine entsprechende Relativierung unserer selbst erlangen. Sie ist der Ort, wo Spiritualität am ehesten in der Wissenschaft anzusiedeln ist (hierzu siehe den nachfolgenden Beitrag von Walach). Von ihrer Warte aus ist Spiritualität eine Lebensform, die die Sinnfindung und Zielsetzung nicht aus dem Individuum und seinem persönlichen Glück oder aus der sozialen Gemeinschaft abzuleiten sucht, sondern in der schrittweise sich entwickelnden Verbundenheit mit dem Umfeld bis hin zum Universum, dem Allumfassenden. Wer die mehrfach angesprochene Harmonie sucht, der findet sie nicht in der Abgeschlossenheit und gleichsam privat, sondern nur in der harmonischen

Einfügung ins Ganze – soweit es jemand nach dem Stand seiner geistigen Entwicklung erfassen kann. Wie sollte sich auch ein Individuum harmonisieren, wenn es in einer disharmonischen Welt lebt bzw. die Welt als disharmonisch *er*lebt, und wie kann sich die Welt harmonisieren, wenn in ihr disharmonische Elemente (Individuen) leben? In welchen Formen sich das Individuum in die Welt in einer harmonischen und harmonisierenden Weise einbringen kann, ist eine Kernfrage der Transpersonalität. Insofern umfasst die transpersonale Psychologie die HPP, die mit ihren angesprochenen Methoden der Gesprächsführung, der Gestalt- und Logotherapie usw. die Kommunikation des Individuums mit sich selbst und seinen Mitmenschen verbessern will. Über meditative und spirituelle Techniken hinaus sollen bewusstseinserweiternde Erfahrungen möglich werden, die sich dann auf das Leben eines Menschen in der Weise nachhaltig auswirken, als er für sich zu einer neuen Sinngebung findet, von der aus sich sein Leben insgesamt ändert. Man könnte davon sprechen, dass sich hierbei auf der individuellen Ebene das ereignet, was in der Wissenschaftstheorie als Paradigmenwechsel bezeichnet wird: eine Veränderung des gesamten Überzeugungsvorrates durch Veränderung der Lebensmitte und der Lebensperspektive mittels eines qualitativen Sprungs. Es handelt sich dabei einerseits um einen nach innen gerichteten Suchprozess des Individuums, bei dem es sich selbst über den rationalen Erkenntnisprozess hinaus in umfassender Weise ergründet, erspürt und »versteht« (siehe das Schema in der Einleitung). Andererseits handelt es sich um die von Wilber (2007, 81) so bezeichnete »postpersonale Transzendenz«, bei der ein Individuum nach Durchschreiten der Individualität zu weiteren Bezügen über sich selbst hinaus kommt.

Spiritualität in der Psychologie

Spätestens seit dem Erscheinen des Handbuchs »Psychologie der Spiritualität« (Bucher 2007) ist klar, dass Spiritualität wieder ein Gegenstand der Psychologie als Wissenschaft ist. Bislang galt sie eher als dem Spiritismus verwandt. Sie wurde gerne der Parapsychologie zugeordnet, die Phänomene wie außersinnliche Wahrnehmung, Telepathie und Telekinese untersucht. Diese spiritistischen Phänomene haben aber mit Spiritualität als einem Prozess der Sinnsuche nichts zu tun. Inwieweit die Methoden der Psychologie allerdings der Spiritualität angemessen sind, ist fraglich (siehe auch den nachfolgenden Beitrag von Walach).

Transpersonalität ist ohne eine Spiritualität kaum zu erreichen, die sich als Sinn-Entwicklung verstehen lässt. Diese Sinn-Entwicklung bezeichnet paradoxerweise sowohl eine Erweiterung des *Ich* als auch dessen zumindest partielles Aufgehen im größeren Ganzen. Stärkere Orientierung auf das universelle Ganze und geringere Orientierung auf die situativen Gegebenheiten hatte schon Frankl als Möglichkeit geschildert, die ihm half, den Horror im Konzentrationslager zu überleben: In seiner Phantasie hat er sich in andere Situationen versetzt und sich bezüglich seiner Wahrnehmungs- und Sinnperspektive von der grausamen Situation so weit wie möglich zu lösen versucht (Frankl 2005c; 2006c). Diese Geistestechnik ist nicht neu. Sie ist aber wegen des seit der Aufklärung herrschenden naturwissenschaftlichen Paradigmas in den Hintergrund gedrängt worden. Dass aber selbst Medikamente nicht unbedingt besser wirken als Vorstellungen, muss erst wieder entdeckt und angemessen erforscht werden. Auch geht es darum, die Spiritualität nicht mit Religiosität gleichzusetzen oder sie in diesen Bereich abzudrängen, sondern als einen Teil der Menschlichkeit mit all ihren Möglichkeiten zu erschließen – gleichsam als zweites Auge für eine umfassendere Welterkenntnis und ein zweites Bein für unsere Wanderung in unwegsamem Gelände.

Die Entwicklung der Spiritualität wird von alters her als Stufenfolge beschrieben. Diese Beschreibung als Stufenfolge wird kritisch gesehen. Die Kritik richtet sich vor allem darauf, dass der Verlauf einer individuellen Entwicklung nicht unbedingt entlang der im Großen und Ganzen qualitativ unterscheidbaren Stufen verlaufen muss. Als heuristisches Modell scheint das Stufenmodell uns dennoch nützlich. Die Linie, die Wilber hinsichtlich der (meditativen) Entwicklung des Menschen zusammenfassend darstellt[5], lautet: »Reinige den grobstofflichen Körper durch Disziplin und bringe den grobstofflichen Verstand durch Konzentration zur Stille; finde subtile innere Erleuchtung; gib in einem Gebet der Stille und göttlichen Unwissenheit selbst die Erleuchtung auf; und so finden Seele und Gott zur Einheit in der Göttlichkeit, eins mit dem strahlenden All« (2007, 115).

Zahlreiche Einzelanalysen verschiedenster Entwicklungssysteme in Ost und West beschreiben in ähnlicher Weise Stufen, die Einzelne erklimmen, wenn sie sich – von einem Meister begleitet – auf den Weg machen. »Reinigung durch Disziplin« kann als eine Form des Sich-Einfügens in eine Gruppe/Gesellschaft verstanden werden, die das Sich-Lösen von eigenen Ansprüchen und Vorstellungen beinhaltet. Wie in einem komplexen Bühnenstück findet das Individuum die seiner Individualität gemäße Rolle, greift sie verantwortungsvoll auf und setzt sie um, so dass es zu einem Teil des Stückes wird und seine Individualität zumindest partiell aufgibt. Über eine gefühlte innere Leere lösen sich individuelle Ansprüche und mit ihnen auch die Enttäuschung über die Nicht-Erfüllung von Erwartungen auf. Es kommt letztlich zur symbiotischen Verschmelzung mit dem Universellen, bei der es kein Ich mehr gibt. Damit werden wir auf der geistigen Ebene das, was wir sind: ein nicht herauslösbarer Teil *der* Natur.

Aber warum soll dieser Weg begangen werden? Nach dem Buddhismus deshalb, um das Leiden zu vermeiden, das mit der

Individualität verbunden ist. Damit verliert das Ich (das es dann nicht mehr gibt) aber auch die Fähigkeit zur Freude, weshalb Buddha selbst den »Mittleren Weg« empfiehlt. In anderen Religionen sowie in areligiösen Bewegungen wird einzig die Entspannung, das Loslassen gesucht, die bereits eine veränderte Lebensweise ermöglichen mit geringerem »Begehren«, aus dem sich die meisten Konflikte ergeben. Aber eigentlich bedarf es keiner Begründung, wenn wir herauszufinden versuchen, wie zu leben uns die Natur aufgegeben hat. Es scheint interessanter zu sein, zu erkunden, welche Implikationen der grob geschilderte Weg für die Selbsterkenntnis und für die Pädagogik hat (siehe die Beiträge von Naranjo und Dauber).

Meditation und Spiritualität verstehen wir nicht als Flucht, obwohl Menschen in Schwierigkeiten erfahrungsgemäß eher auf sie zurückgreifen, zum Beispiel in Kriegen, Notzeiten und angesichts des Todes. Blackbourn (1997) beobachtete auch eine Zunahme von Marienerscheinungen in Krisenzeiten, und der Religionsmonitor kommt zu der Feststellung, dass die Deutschen gegenwärtig religiöser seien als angenommen (Bertelsmann 2008). Abgesehen von der Unklarheit, was als Anzeichen von Spiritualität gilt und wie sie untersucht wird, zeigen diese Ergebnisse, dass neben genetischen Faktoren (Waller et al. 1990; Kirk/Eaves/Martin 1999, zitiert in Bucher 2007, 80–81) auch Zeit- oder gesellschaftliche Umstände für die Ausbildung dieser Kräfte des Menschen bedeutsam sind. Darüber hinaus sind ganz offensichtlich die ganz frühen Erfahrungen und die Erziehungserfahrungen der Kinder wichtig. Die Beiträge von Hüther und Siegel weisen eindrucksvoll auf die neurobiologische Bestätigung der Bedeutung früher Bindungserfahrungen für die Persönlichkeitsentwicklung hin. Diese sind auch für die Offenheit gegenüber transrationalen und transpersonalen Erfahrungen grundlegend. Allerdings scheint die Theorie komplexer zu sein; beispielsweise sollte auch der Vater in ihr berücksichtigt werden. Die katholische Kirche jedenfalls weiht aufgrund tausendjähriger Erfahrung uneheliche Kinder in der Regel nicht zum Priester. Die fehlende Erfahrung mit einem liebevollen, verlässlichen leiblichen Vater befähigt sie offenbar weniger, ihre Hoffnungen auf einen himmlischen Vater (als Abstraktion des leiblichen Vaters?) richten zu können.

Aber viele Erwachsene sind heute aufgrund ihrer Lebenssituation ganz allgemein nicht in der Lage, ihren Kindern die notwendige Bindungssicherheit zu geben. Schon lange weiß man, dass Kinder zwar in der Lage sind, *eine* familiäre Belastung (Trennung, Arbeitslosigkeit, Krankheit, Drogenabhängigkeit etc.) auszuhalten und auszugleichen. Bei Mehrfachbelastungen hingegen scheitern sie oft, obwohl sie aktiv nach Lösungen und nach Menschen suchen, die ihnen Halt und Hoffnung geben (siehe dazu die Resilienzforschung, z. B. Opp/Fingerle/Freytag 1999). Auch versuchen einige Kinder bzw. Jugendliche, sich mittels Horrorvideos und Computerspielen mit der Hektik und Brutalität des Alltags vertraut zu machen, sich abzulenken und sich in der Bedrohung als Herr der Situation zu erleben. Mit ihrer Anpassung an die herrschende Stimmung einer Gruppe entgehen sie der Außenseiterposition und möglichen Mobbingangriffen (siehe unsere Ausführungen in der Einleitung). Verbote ändern nichts an der gesellschaftlichen und auch nichts an der psychischen Situation der Kinder und Jugendlichen. Wenn etwas zu verbieten wäre, dann die Entmutigung und das Befördern der Hoffnungslosigkeit insbesondere bei jungen Menschen. Diese sind die »Ursachen« von Gewalt. Der Konsum von Computerspielen und Gewaltvideos ist lediglich ein Symptom.

Die individuelle und gesellschaftliche Fehlentwicklung lässt sich nicht durch ein stilles Gebet oder unseren Rückzug in die Stille korrigieren, wohl aber durch eine dort entwickelte Haltung des Respekts und des Mitgefühls. Sich gegen den Sog der Anpassung zu stellen braucht vor allem eine spirituelle Praxis und die Ausbildung einer Transpersonalität. Diese beginnt mit einer Grundlegung des frühkindlichen Urvertrauens, zeigt sich in der liebevollen Begleitung durch die Kindheit, setzt Grenzen dort, wo es die eigene Wertorientierung fordert, gibt unendlich viele Anregungen und vermittelt das Gefühl der vertrauensvollen Beziehung auch im Loslassen. Kinder und Jugendliche schauen vor allem darauf, ob und wie die Erwachsenen in ihrer Umgebung ihr Leben meistern. Das ist ihnen Vorbild und Anreiz. Insofern hilft dann doch die Ausbildung der eigenen Spiritualität, die uns eine positive Gestaltung unseres Lebens und damit auch des Lebens der nächsten Generation ermöglicht.

Es wäre eine neue Aufgabe der Psychologie, hier gemeinsam mit anderen Wissenschaften und insbesondere gemeinsam mit der Pädagogik Wege zu beschreiben und die Individuen auf ihrem individuellen Pfad zu begleiten. Sie sollten in der Lage sein, ihr Leben auf der Basis zu leben, die die Gesellschaft und der Arbeitsplatz z. B. in der Schule bietet. Und gleichzeitig sollten sie sich von ihr so weit lösen können, dass sie nach innen, von innen heraus und relativ unabhängig von der Außenlenkung ihr *Selbst* in spiritueller Weise entfalten können. Beides zu integrieren führt zu einem deutlich reicheren und erfüllteren Leben. Ansätze hierzu gibt es in den angesprochenen Richtungen der Psychologie und in der Psychotherapie. Gerechtfertigt sind diese Ansätze durch eine nicht mehr überschaubare Fülle von Studien, die einen positiven Zusammenhang feststellen zwischen spiritueller Praxis einerseits und physischer und psychischer Gesundheit, größerer Lebenszufriedenheit, längerer Lebensdauer, Glück und vielen anderen wünschenswerten Variablen für ein erfülltes Leben andererseits (Bucher 2007). Wie diese Korrelationen zu erklären sind, darüber kann bislang nur spekuliert werden; etwa in Richtung auf durch die Spiritualität erzeugter supranaturaler, subtiler, holographischer oder sonstiger Energie, die solche Wirkungen hervorbringen könnte. Eine genaue Erklärung gibt es hierfür bislang nicht. Die Kräfte zu akzeptieren, auch wenn wir sie (noch) nicht erklären können, ist ein Schritt in die Offenheit, die die Kultivierung der eigenen Spiritualität braucht. Diese bislang völlig unterschätzten Kräfte angemessen zu erforschen und zu fördern bedeutet nicht einen Rückfall ins Mittelalter, sondern die konsequente Weiterentwicklung der Aufklärung, da es um Emanzipation, um ein Freiwerden von äußerer und verinnerlichter (Konsum-)Abhängigkeit geht. Einfach wird dieser Weg sicher nicht: Zu viele moderne »Hohepriester« profitieren von dieser Abhängigkeit – vergleichbar denen, die die Menschen vor der Aufklärung in Glaubenssystemen ausgebeutet haben.

2. Wissenschaft, Spiritualität und Glaube

»Die Vermittlung von Werten basiert nicht auf einem religiösen Glauben, sondern auf der Auswertung unserer menschlichen Erfahrung und wissenschaftlicher Erkenntnisse. So denke ich, dass das Wichtigste in unserem Leben das Mitgefühl ist. Mit ihm erreicht man alles, was man sich wünscht: ein glückliches Leben, körperliche Gesundheit, Freunde, mehr Freude und das Lächeln des anderen. Viele Probleme, die wir heutzutage in der Familie, der Gemeinschaft, auf nationaler oder internationaler Ebene haben, hängen mit dem Fehlen dieser inneren Werte zusammen. Wir sehen es als etwas Selbstverständliches an, dass wir diese Werte haben und meinen, wir bräuchten uns nicht um sie zu bemühen. Deshalb vernachlässigen wir sie und legen unser Augenmerk mehr auf Äußeres, auf Geld, ein gutes Wirtschaftssystem und Ähnliches. Den inneren Werten hingegen wenden wir viel weniger Aufmerksamkeit zu. Es gibt viel Werbung in der Welt. Vor allem für äußere Dinge wird geworben, für die Schönheit des Gesichts zum Beispiel. Aber kaum jemand wirbt für innere Schönheit, obwohl eine wirkliche Schönheit aus dem Geiste kommt, nicht aus der äußeren Erscheinung. Und selbst ein Mensch, der nicht besonders gut aussieht, aber Mitgefühl und ein gutes Herz hat, der hilfsbereit ist und Verantwortung übernimmt, wird von allen geschätzt, unabhängig von seiner äußeren Erscheinung. Das zeigt doch, dass wir in unserem Leben vor allem diese inneren Werte besonders schätzen und deshalb auch mehr Gewicht auf sie legen sollten. Und dennoch scheint es, als ob in unserem Erziehungssystem wenig Bedeutung auf die Entwicklung innerer Werte gelegt wird. Vielleicht ist diese Entwicklung dadurch zustande gekommen, dass diese Werte früher, vor vielleicht tausend Jahren, in der Familie und in der Religion beheimatet waren. Im Laufe der Zeit aber nahm der Einfluss

der Kirchen und der Familien ab. Vielleicht liegt es auch an unseren modernen Lebensformen; dass beide Eltern einem Beruf außer Haus nachgehen, niemand da ist und vor allem auch die Mutter nicht genügend Zeit hat, sich um die Kinder zu sorgen. In dieser Situation besteht die Gefahr, dass die Kinder im täglichen Leben zu wenig den Wert der Zuneigung kennenlernen und dann später in ihrem Leben für sich selbst nicht genügend zur Verfügung haben. Die Bereitschaft, sich um die inneren Werte zu bemühen, ist jedenfalls nicht genügend vorhanden. Wir erleben aufgrund dieser Entwicklung viel Gewalt in der Gesellschaft, sogar bereits unter Jugendlichen und Kindern. Eine zunehmende Gewaltbereitschaft gibt es auch in der Schule. Wir müssen daraus die Lehre ziehen, dass wir – gerade auch in der Erziehung der Kinder und im Bildungssystem – die Förderung der inneren Werte bei den Kindern verstärken müssen. Und das ist unabhängig davon, ob man einer Religionsgemeinschaft angehört oder nicht.«

Dalai Lama

Spiritualität und Wissenschaft

Harald Walach

Zu Beginn meiner Überlegungen zur Verständigung einige vorläufige Begriffsdefinitionen: Unter *Wissenschaft* verstehe ich einen systematischen, kollektiven Versuch, Wissen über die Welt zu erwerben, in der wir leben, und sich dabei möglichst vor Irrtum zu schützen (vgl. Walach 2005). *Spiritualität* ist eine Lebenshaltung, die über das eigene Ich hinaus auf eine transzendente Wirklichkeit verweist. Sie wird aus Erfahrung gespeist und zeigt sich im Affekt, im Denken und im Handeln. Spirituelle Erfahrung ist eine Erfahrung einer solchen transzendenten Wirklichkeit. Mit *Erfahrung* meine ich eine ganzheitliche Erkenntnis, die wiederum Affekt, Denken und Motivation umfasst. Wenn eine spirituelle Erfahrung existierende religiöse Konzepte und Begriffe verwendet, um sich auszudrücken, sprechen wir von religiöser Erfahrung, und die damit verbundene und daraus hervorgehende Haltung nennen wir Religiosität. Die Form, die sich spirituelle Erfahrung in vielen Jahrhunderten als kollektiver Ausdruck gegeben hat und die von Kultur, Geschichte und politischer Situation geprägt ist, nennen wir Religion. Spiritualität und Religion verhalten sich zueinander wie Inhalt und Form. Ich will also keineswegs einem banalen Antagonismus von Spiritualität und Religion, der in Zirkeln transpersonaler Psychologie manchmal modern ist, das Wort reden. Es muss aber auch anerkannt werden, dass sich Spiritualität heutzutage oftmals ohne das Gefäß klassischer religiöser Form äußert (Hyland et al. 2006), und dass umgekehrt klassische Religion oftmals nur noch als inhaltsleere Form posiert. Diese Spaltungen zwischen Spiritualität und Religion, die sich heute vielfach findet, sowie die Trennung zwischen Wissenschaft, Spiritualität und Religion sind Teil unserer postmodernen Situation (Caputo/ Scanlon 2005; Lyotard 1986; Slunecko 1996;

Vattimo 1988), die ich im Folgenden etwas verstehen und diskutieren will. Dazu werde ich Wissenschaft und Spiritualität einer kurzen historischen Betrachtung unterziehen.

Roger Bacon und die Wiege der europäischen Wissenschaft

Wenden wir uns der Wiege unserer modernen, wissenschaftlichen Ausrichtung zu, der Zeit der Hochscholastik. Gehen wir ins Jahr 1267. Der Begründer der abendländischen Wissenschaft, Robert Grosseteste, war gerade vierzehn Jahre tot (Southern 1986). Sein großer Schüler, der Franziskaner Roger Bacon (nicht zu verwechseln mit seinem Namensvetter Francis Bacon, der im 16./17. Jahrhundert wirkte) hatte sein »Großes Werk«, das »Opus Majus«, im Hausarrest in Paris geschrieben und an den Papst gesandt. Bacon war um 1257 vom Leiter des Ordens, Bonaventura, unter Arrest und Publikationsverbot gestellt worden, weil er sich auf den Standpunkt stellte, die »experimentelle Kunst« sei wichtig zur Ergründung der Wahrheit, und natürlich, weil er als Freidenker und Wissenschaftler Autoritäten anzweifelte (Bacon 1983; Westacott 1953). Bacon prägte den Begriff der »scientia experimentalis«, auch »experientia« oder »experimenta«, den er von seinem Lehrer Grosseteste übernommen hatte. Damit meinte er einen ganzheitlichen Begriff der Erfahrung in der Tradition des Aristoteles. Bacon redete nicht nur von Experimenten – er war wohl auch im Westen einer der Ersten, der sie durchführte, nämlich mit Spiegeln und geschliffenen Gläsern. Schon damals sehen wir den technologischen Aspekt der Wissenschaft am Werke. Bacon meinte nämlich, man könne mit entsprechenden Spiegeln und geschliffenen Gläsern mächtige Waffen bauen, mit denen man die Ungläubigen aus Jerusalem hinausbrennen könnte. Ganz klar formuliert er in seinem Werk »Von den Brennspiegeln«, in dem er diese Experimente und Grundlagen der Optik beschreibt: »Die Erfahrungswissenschaft lehrt alle Schlussfolgerungen der Naturphilosophie durch die Erfahrung sicherzustellen. Das vermag die Naturphilosophie des Aristoteles, die bei den Lateinern verbreitet ist, nicht zu leisten, mit Ausnahme der Schlussfolgerungen aus ihren Grundannahmen heraus. Aber diese Grundannahmen findet sie nicht durch die Erfahrung.[6] Deshalb kann sie keine Sicherheit gewährleisten ohne diese Wissenschaft (sc. die Erfahrungswissenschaft).«[7]

Damit hat Bacon zum ersten Mal in der westlichen Geistesgeschichte klar formuliert, dass es einen Vorrang der Erfahrungswissenschaft vor der apriorisch-philosophisch vorgehenden Wissenschaft geben muss. Interessanterweise wendet er dies aber auch auf die Theologie an. In seinem Opus Majus sagt er, es gäbe zwei Formen der Erfahrungswissenschaft, eine innere und eine äußere: »Aber die Erfahrung ist eine zweifache: eine geschieht durch die äußeren Sinne. Durch diese Erfahrung erfahren wir was am Himmel ... und was auf der Erde ist ... Dies ist die menschliche und philosophische Erfahrung, die der Mensch aufgrund der ihm geschenkten Gnade machen kann. Aber diese Erfahrung genügt dem Menschen nicht. Denn sie gibt über die körperlichen Dinge nicht vollständige Sicherheit wegen ihrer Schwierigkeit, und bezüglich der geistlichen Wirklichkeit erreicht sie nichts. Also muss der Geist des Menschen anderweitig Hilfe erhalten. So haben auch die heiligen Patriarchen und Propheten, die zuerst der Welt die Wissenschaften gaben, innere Erleuchtungen erhalten und sind nicht allein in den Sinnen verblieben ... Zweifach ist der Weg, der zur Kenntnis der Dinge führt: einer durch die philosophische Erfahrung, einer durch göttliche Inspiration, der weit besser ist. Sieben Stufen hat diese innere Wissenschaft ...« Bacon beschreibt diese Stufen nun kurz und sagt zur siebten: »Die siebte Stufe besteht im Hingerissensein und dessen verschiedenen Formen. Hier verstehen wir vieles über Gott auf wahre Weise, so dass wir vieles sehen, was der Mensch nicht aussprechen darf. Und wer auf diesem Erfahrungsweg oder besser auf den vielfältigen Wegen sorgfältig geübt ist, der kann sich und anderen nicht nur über die geistlichen Dinge, sondern auch in allen menschlichen Wissenschaften Sicherheit verschaffen ... Notwendig ist uns also die Wissenschaft, die die experimentelle genannt wird. Und ich will sie erklären, nicht nur in ihrer Nützlichkeit für die Philosophie, sondern auch für die Weisheit Gottes, und die ganze Lenkung der Welt.«[8]

Wir sehen an diesem Schlüsseltext ganz klar: Roger Bacon, am Anfang der abendländischen Wissenschaft stehend, macht Propaganda für Erfahrungswissenschaft, gegen eine rein intellektuell-rationale philosophische Analyse der Welt. Wer Wissenschaft betreiben will, muss seine Sinne gebrauchen und die Welt erfahren. Der hierfür verwendete Begriff – noch undifferenziert – ist Erfahrung und Experiment gleichermaßen, experientia oder experimentum. Das Verb heißt experiri, eine Erfahrung machen, wörtlich: auf Ausfahrt gehen (wie mit einem Schiff). Allerdings sagt Bacon auch deutlich, dass diese Erfahrung zwei Seiten hat: eine äußere Erfahrung, Sinneserfahrung, die der sinnlichen Welt zugewandt ist, und eine innere Erfahrung, die der inneren Welt zugewandt ist. In Letzterer machen wir geistliche, spirituelle Erfahrungen, die in einer extaseartigen Entrücktheit gipfeln, dem »raptus«, was ich mit »Hingerissensein« übersetzt habe. Gemeint ist damit ein »Außer-sich-Sein«. Bacon hatte also eine Perfektion der inneren Erfahrung – der spirituellen Erfahrung, wie wir modern sagen würden – im Blick, die in einem speziellen Zustand der Entrückung gipfelt, in welchem dann Einsichten, Klarheit und Wissen zur Verfügung steht.

Für unseren Zusammenhang sind zwei Dinge wichtig: An der Wiege der abendländischen Wissenschaft, zur Zeit der Scholastik, stand ein einheitlicher, noch undifferenzierter Erfahrungsbegriff. Dieser Erfahrungsbegriff umschloss die äußere Erfahrung der Welt durch die Sinne und die innere Erfahrung der Welt durch einen Innensinn. Ich habe dies an anderer Stelle etwas differenzierter ausgearbeitet (vgl. Walach 1996).

Die Verdammung von 219 Thesen durch Etienne Tempier in Paris 1277

Das Zentrum der abendländischen Wissenschaft zur Zeit der Scholastik war zweifellos Paris. Dort versammelte sich alles, was in Europa Rang und Namen hatte, debattierte, lehrte, schrieb, las, Vorlesungen hielt. Die Organisation, die sich daraus ergab, erhielt den Namen »universitas«, die Gesamtheit aller Lehrenden und Studierenden. Wohl war die Theologie die erlauchte Spitze des Lehr- und Lernbetriebs. Aber um Theologie, oder auch Rechte, Kirchenrecht und später dann Medizin studieren zu können, mussten alle Studenten eine mindestens dreijährige philosophische Grundausbildung durchlaufen (Leff 1968): das sogenannte Studium der »artes liberales«, der freien Künste. Daher ist auch manchmal die Rede von den »Artisten«. Dies waren im eigentlichen Sinne Philosophen. Die philosophische Debatte zur Zeit der Scholastik war mindestens so differenziert, vielfältig und verästelt wie heute. Die Voraussetzungen und Zielrichtungen waren allerdings andere. Eines war aber auch damals schon wie heute: Philosophen – und in geringerem Maße Theologen – misstrauten der Autorität überlieferter Lehren und Texte und lehrten ihre Studenten das Fragen und Kritisieren. Es gibt kaum eine philosophische Lehre, die damals nicht vertreten, gelehrt, oder zumindest diskutiert wurde. Nicht alle dieser Lehren waren den kirchlichen Autoritäten oder theologischen Gelehrten geheuer, da sie anerkannten kirchlichen Lehrformeln widersprachen. Aristoteles behauptete, die Welt wäre ohne Ende. Eine radikale Auslegung der aristotelischen Ethik könnte jemanden auf den Gedanken bringen, dass man durch rechte Lebensweise Glück und Vollendung schon in unserem diesseitigen Leben erreichen kann. Warum also noch auf ein Jenseits warten? Moralvorstellungen wie Monogamie und die Beschränkung der sexuellen Aktivität auf die Ehe wurden genauso diskutiert wie Fragen der Metaphysik. Irgendwann scheint es Etienne Tempier, dem Bischof von Paris, in dessen Jurisdiktionsbereich auch die Universität lag, zu bunt geworden zu sein. Er brachte eine Kommission von angesehenen Theologen zusammen und ließ sie diejenigen Sätze zusammenstellen, die am anstößigsten waren. Diese wurden dann 1277 in einer Liste von 219 Thesen feierlich verdammt (Flasch 1989; Hissette 1977). Im Grunde haben wir hier einen der ersten Konflikte von Religion und Wissenschaft (andere Anlässe wurden auch schon früher diskutiert, waren aber weniger prominent, vgl. Koch 1930). Wir sehen daran, dass das wissenschaftliche Grundpotenzial der Aufklärung bereits zu einer Zeit vorhanden war, zu der man allgemein meint, alles Nachdenken sei in strikt kirchlich vorgezeichneten Bahnen verlaufen. Dies ist sicherlich falsch. Die Verdammung der Thesen von 1277 zeigt, dass bereits zu einer Zeit, in der wissenschaftliche Bemühungen im heutigen Sinne noch in den Anfängen lagen und Philosophie und Theologie noch sehr eng zusammenhingen, das Aufklärungspotenzial und die Kraft der menschlichen Reflexion gegen Ideologie und Dogma bereits vorhanden war. Aus ihnen entwickelte sich im Laufe der Zeit die Aufklärung.

Aufklärung und Wissenschaft

Ab dann war es nicht mehr denkbar, der Wissenschaft einen Maulkorb zu verpassen. Unaufhaltsam entwickelte sich aus diesen ersten Anfängen ein mächtiges Instrument der Erkenntnis. Die Wissenschaft ging ihrer Wege, anfangs sicher noch eng verbunden mit religiösen Lehren und Praktiken. Selbst große Geister, die zu den wesentlichen Reformen beitrugen, waren in aller Regel fromme Männer, wenngleich sie vielleicht, wie etwa Newton, ihrer eigenen Auslegung der Frömmigkeit und Theologie angehangen haben (White 1997). Selbst Galilei, der oft in Antagonismus zur Kirche dargestellt wird, verstand sein Werk nicht als einen Affront der Lehrmeinung, sondern stand anfangs unter dem Schutz großer Kardinäle und hatte ein Gutteil seiner späteren Probleme mit der Kirche selbst verursacht (Shea/Artigas 2006).

Die Trennung der Wissenschaft von der Religion war meines Erachtens vielmehr eine systematisch-historische Notwendigkeit. Wird die Welt einmal in ihrem inneren Aufbau verstanden und werden die Gesetze erkannt, nach denen sie sich entfaltet, dann wird es immer schwieriger, Mythen, Legenden und Parabeln als faktische Beschreibungen zu werten.

Religion und Theologie wurden von der Wissenschaft ebenfalls zu Fortentwicklungen getrieben. Wissenschaftliche Erkenntnisse haben schließlich mit dazu geführt, dass sich die Exegese entwickelt hat. Aber eines ließ sich nicht verhindern: Der Gott, der für Bacon noch gleichermaßen in den Wundern der Optik und in den Tiefen der Seele erfahrbar war, wanderte immer weiter hinaus aus der Welt, bis er schließlich in der modernen, ja bereits in der Newtonschen Wissenschaft disponibel wurde. Die Wissenschaft hat ihr Programm der Mechanisierung der Welt fast bis an ihr Ende gebracht und dabei Religion und Theologie gründlich überflüssig gemacht. Was sich 1277 als erstes Ahnen der Gefahr kundtat, die für Theologie und Religion von freigeistigem Denken ausging, hat sich einige hundert Jahre später bewahrheitet.

Dadurch, dass sich die Wissenschaft zur Zeit der bürgerlichen Revolutionsbewegungen meist auch auf die Seite der progressiven Kräfte gestellt hat, hat sich auf der politisch-kulturellen Bühne ein impliziter Antagonismus zwischen ihr und der Religion ergeben, die für gewöhnlich eher den konservativen, Struktur erhaltenden Kräften zuneigte. Wissenschaft und Aufklärung sind zwei Kräfte, die seit 1277 zusammengehören. Das Ergebnis ist die Banalisierung der Religion im kulturell-wissenschaftlichen Raum.

Und das Schlimme ist: Die Religion hat dieser Banalisierung kaum etwas entgegenzusetzen, das ernst zu nehmen wäre. Die momentane Pose der Religion ist ein allenfalls verschnupftes Verweisen auf den Glauben, ohne den die Vernunft nicht auskommen könne, und auf die letzten Dinge, die die Wissenschaft nicht klären könne. Das mag stimmen, übersieht aber zwei wichtige

Punkte: Die Theologie und die kirchliche Lehre hat sich nur wenig um eine theologische Reflexion der wissenschaftlichen Erkenntnisse gekümmert oder darum, wie wissenschaftliche Einsichten möglicherweise eine Neuinterpretation zentraler Dogmen und Lehrmeinungen sinnvoll, wenn nicht gar notwendig erscheinen lassen könnten. Der Jesuit Teilhard de Chardin etwa hatte diese Notwendigkeit klar gesehen, erhielt allerdings weder den Segen seiner Kirche dafür, noch hat die Kirche diesen Impuls aufgegriffen.

Aus dieser geschichtlichen Entwicklung sind zwei Kulturen entstanden: die religiös-kirchliche und die wissenschaftliche. Die religiös-kirchliche Kultur folgt politisch gesehen einem hierarchisch-feudalen Modell mittelalterlicher Prägung. Sie wähnt sich im Besitz der Wahrheit und maßregelt die, die Interpretationen dieser Wahrheit vornehmen, die nicht mit den ihren übereinstimmen. Sie ist patriarchalisch und straff zentralistisch organisiert. Die wissenschaftliche Kultur ist die Kultur der Kritik, der Debatte und des öffentlichen Marktes. Zwar gibt es auch hier starke Machtgefälle, Meinungsführer und vorherrschende Lehrmeinungen (Latour 2000). Es würde sich sogar lohnen, in einem eigenen Artikel herauszuarbeiten, wie die Wissenschaft mit zunehmender Säkularisierung Züge annimmt, die früher der Kirche eigen waren. Aber in der Regel sind Prozesse im Wissenschaftsbetrieb stärker demokratisch und oftmals chaotisch geprägt. Das wichtigste Unterscheidungsmerkmal ist vielleicht dies, dass in der Wissenschaft die Wahrheit eben nicht feststeht, sondern die gemeinsame Zielfigur darstellt. Der Markt der Wissenschaft ist im Unterschied zum Forum der Religion pluralistisch. Es gibt dort sehr viele, meistens sogar unvereinbare und sich widersprechende Meinungen. Zwar kommen immer wieder auch erstaunliche Konsensfindungen vor. Aber oftmals werden bereits für unverrückbar gehaltene Konsense wieder aufgegeben, weil neue Entdeckungen gemacht werden. Natürlich gibt es auch in der Wissenschaft einen »Mainstream«. Aber dieser muss sich häufig mit Randerscheinungen auseinandersetzen, die dann die Mainstream-Haltung wieder zur Veränderung, zur Anpassung, ja manchmal sogar zur Revision zwingen (Laudan 1981).

Selbstverständlich muss man an dieser Stelle auch Zerrformen der Wissenschaft erwähnen. Manchmal gibt sich Wissenschaft sehr dogmatisch. Man meint, etwas ein für alle Mal festgestellt zu haben (allein diese Meinung ist sehr unwissenschaftlich, weil es der Kern wissenschaftlicher Aktivität ist, althergebrachte Meinungen immer wieder zu hinterfragen und oftmals auch umzustoßen). Aufgrund eines vermeintlich sicheren Wissens wird dann die Möglichkeit anderer Wirklichkeit, die mit diesem Wissensstand inkompatibel ist, verneint. Was im Rahmen dieser Art des Denkens noch nicht erklärbar ist, wird in der Zukunft erklärbar werden. Die Wissenschaft erhält so einen quasi-religiösen Status. Man erhofft von ihr die Lösung aller Fragen und den Beginn einer neuen, aufgeklärten, menschlichen Zeit, in der alle unsere Probleme durch wissenschaftlich-rationale Aktivität gelöst werden können oder lösbar sind. Es ist unschwer zu sehen, dass wir es hier ebenfalls mit einer ideologischen Zerrform zu tun haben, die von Husserl als Szientismus gebrandmarkt worden ist (Husserl 1977). Der Szientismus sieht Wissenschaft weniger methodisch als inhaltlich fixiert, einem einzigen Weltbild verpflichtet. Szientismus ist im Grunde der größte Feind echter Wissenschaft und von dogmatischer Religion nicht sehr weit entfernt. Wenn ich Wissenschaft und Religion oder Spiritualität kontrastiere, dann meine ich nicht den Szientismus als Zerrform echter Wissenschaft, sondern Wissenschaft als Methode.

Es liegt auf der Hand, dass die zwei Kulturen Wissenschaft und Religion nicht dafür prädestiniert sind, sich aneinander anzupassen. Wir können kaum erwarten, dass die Wissenschaft ihren einmal errungenen gesellschaftlichen Rang der relativ freien und theoretisch unbeeinflussten Suche nach Erkenntnis zugunsten einer Rückbindung an ein dogmatisches System aufgibt. Sie dürfte es gar nicht, wenn sie nicht ihrem ureigenen Wesen entraten will. Wir können auch nicht erwarten, dass die Religion ihre in der Lehre gefestigte Position aufgibt und die inquisitiv-fragende Haltung der Wissenschaft annimmt. Wenn wir an einer Überbrückung der Gegensätze interessiert sind, müssen wir nach einer anderen Brücke suchen. Wir finden sie, so meine ich, in der Spiritualität. Es lohnt sich auch hier, eine historische Perspektive einzunehmen.

Spiritualität und Religion

Wir haben oben gesehen, dass die innere Erfahrung – das, was später mit dem Wort »Mystik« belegt wurde und was wir in der Definition oben als »Spiritualität« bezeichnet haben – am Anfang eines einheitlichen Erfahrungsbegriffes stand, der sowohl für die Theologie als auch für die Wissenschaft zentral war. Roger Bacon, der diesen Begriff entwickelt hat, war eine zentrale Figur des scholastischen Geisteslebens. Er war sicherlich nicht so einflussreich wie Thomas von Aquin oder Bonaventura. Aber im Vergleich mit seinem Oberen, dem Franziskanergeneral Bonaventura, hatte er historisch gesehen einen weiter reichenden Einfluss. Er war Inspirationsquelle für William Ockham und damit für den vermutlich einflussreichsten mittelalterlichen Denker überhaupt. Seine Theorie von der inneren Erfahrung lässt sich zur damaligen Zeit bei verschiedenen anderen Autoren, vor allem des Franziskanerordens, wiederfinden. Sie findet sich vor allem bei einem der am wenigsten bekannten, aber wohl wichtigsten mystischen Schriftsteller dieser Zeit, bei Hugo de Balma (Walach 1994). Dieser Autor, der wohl als Kartäuser gestorben ist, über den wir aber ansonsten sehr wenig wissen, hat etwa zur gleichen Zeit, zu der Roger Bacon seine Theorien aufgestellt und im Pariser Hausarrest bei den Franziskanern sein Opus Majus geschrieben hat, seine Mystische Theologie entwickelt.[9] In dieser Schrift stellt er eine weitreichende und radikale These auf. Er sagt, man könne einen unmittelbaren Erfahrungszugang zu Gott erhalten und im Affekt, jenseits alles Denkens, mit Gott vereinigt werden. Daraus erwüchse eine Erfahrungserkenntnis Gottes (»notitia experimentalis Dei«), die jedermann zugänglich sei, unabhängig von Bildungsstand und sozialem Stand. Jeder, der sich mit Hingabe auf den Weg der inneren Versenkung mache, könne diese Erfahrung machen, so oft er wolle – hundertmal, ja tausendmal am Tag. Damit würde er den Himmel auf Erden schon jetzt, in der Erfahrung, vorkosten. Denken, Analysieren und theologische Bildung seien dafür allerdings eher hinderlich als förderlich. Man müsse nämlich alles Denken beiseitelassen und erst dann, wenn alles Denken aufhört, könne man im Affekt mit Gott vereinigt werden.

Hugo de Balma hat wohl versucht, mit seiner These in die Theologie hineinzuwirken und zu ihrer »Spiritualisierung« beizutragen. Es scheint ihm nicht gelungen zu sein. In der akademischen Theologie seiner Tage finden wir jedenfalls keine Spur von ihm, und die weitere Entwicklung der Theologie führte eher zu einer Intellektualisierung. Einige seiner Zeitgenossen scheinen einen ähnlichen Weg gegangen zu sein wie er. Thomas von Aquin hatte offenbar eine tiefgreifende Erleuchtungserfahrung knapp zwei Jahre vor seinem Tod und gab daraufhin das Schreiben völlig auf. Er sagte seinem Sekretär, dass das, was er geschrieben habe, wie Stroh sei im Vergleich zu dem, was er geschaut habe. Einige Quaestionen im zweiten Teil seiner Summe, jenem Text, an dem er bis zum Schluss gearbeitet hat, diskutieren interessanterweise auch diese Erfahrungserkenntnis (vgl. Walach 1996 für genauere Textbelege und Diskussionen). Heinrich von Gent – einer der Theologen, die einer eher platonisch-augustinischen Sicht der Theologie verhaftet waren, in der die letzte Einsicht eine von Gott kommende Erleuchtung ist – versuchte diese Haltung noch weiter zu vertiefen. Anscheinend ohne großen Nachhall. Der nächste und vielleicht letzte große Theologe jener Tage, der diesen Gedanken aufgriff, war der deutsche Dominikaner Meister Eckhart. Eckhart war 1277, als in Paris die 219 Thesen verurteilt wurden, siebzehnjährig zum Studium dort. Er erlebte die Kämpfe um die intellektuelle Freiheit hautnah mit, und vielleicht auch die Bestrebungen, die Theologie aus der inneren Erfahrung heraus zu erweitern oder zu reformieren. 1310 war er wieder in Paris, fünfzigjährig und als Professor im Dominikanerstudium (Koch 1959).[10] Dort wurde er Zeuge einer historisch entscheidenden Untat. Die Begine Margarete Porète wurde auf dem Scheiterhaufen verbrannt (Grundmann 1977; Porète 1986; Verdeyen 1986).

Margarete Porète war eine einfache Frau aus dem Hennegau, die in einer klosterartigen Gemeinschaft von ehelosen Frauen, sogenannten Beginen, wohnte. Sie scheint eine begabte Mystikerin gewesen zu sein und schrieb ihre Erfahrungen oder das Resümee aus ihnen in einem Buch in der Volkssprache auf. Ihre Redefreudigkeit wurde ihr zum Verhängnis. Zwar konnte eine Theologenkommission und verschiedene Bischöfe nichts Anrüchiges in ihren Lehren finden. Aber man verbot ihr das Predigen, war sie doch eine Frau und auch eine Laiin. Da sie es nicht sein ließ, geriet sie in Schwierigkeiten. Man suchte theologische Gründe, die man natürlich bei einer einigermaßen ungebildeten Person leicht finden konnte, wenn man sie ins theologische Kreuzverhör nahm, und verbrannte sie schließlich wegen Ungehorsams und Ketzerei.

Dies war ein historischer Skandal ohnegleichen. Denn hier wurde jemand als ketzerisch verbrannt, deren Lehre und Inhalte mehrfach von theologischen Kommissionen gutgeheißen und deren Lebenswandel von einigen einflussreichen Zeitgenossen als vorbildlich gelobt worden waren. Margarete Porète war ein Mahnmal und Symbol für die Gefahr der Mystik, der inneren, spirituellen Erfahrung. Durch solche Erfahrung war die religiöse Wirklichkeit plötzlich aus der Hand der vermittelnden Priester in die von ungebildeten Laien übergegangen, die sich kraft ihrer Erfahrung auch noch anmaßten, diese allen zu verkündigen. Die Verbrennung Margaretes markiert eine wichtige Entwicklung: der Abdrängung der Spiritualität, der Mystik, der inneren Erfahrung in den Untergrund der privaten Frömmigkeit, der persönlichen Devotion, vielleicht noch geduldet innerhalb von Klostermauern, aber nicht als offizielles theologisches Erkenntnismittel.

Meister Eckhart war Zeuge dieses Verfahrens. Er war mit Sicherheit vertraut mit der Art von Theologie, die Hugo de Balma zu installieren versucht hatte. Mir sind bei der Lektüre von Meister Eckharts Buch »Vom gerechten Menschen« viele wörtliche Parallelen aufgefallen, die sich nur als Zitate oder Reminiszenzen erklären lassen. Margarete Porète nimmt auf ihre Weise diese mystischen Lehren, wenn auch kritisch, auf. Eckhart hat seine mystischen Texte nicht selber verfasst. Sie sind uns, bis auf Ausnahmen, nur als Mitschriften seiner deutschen Predigten erhalten. Seine offizielle schriftstellerische Tätigkeit, die er in Latein ausübte, lässt ihn als philosophischen Denker erkennen, der im Grunde das Erbe seines großen Lehrers und Ordensbruders Thomas von Aquin aufgreift. Aber sein gesprochenes Wort muss Anstoß genug gewesen sein. Er wird verleumdet, vom Erzbischof von Köln der Ketzerei bezichtigt, verteidigt sich entrüstet und appelliert schließlich an den Papst (Karrer 1925; Karrer/Piesch 1927). Glücklicherweise hat er seine Verurteilung persönlich nicht mehr erlebt. Er starb 1326 auf dem Weg nach Avignon und musste nicht mehr erleben, wie einige seiner zentralen Lehren, die seiner Überzeugung nach gut katholisch waren, als ketzerisch oder problematisch verurteilt wurden.

Diese Vignetten aus einer turbulenten Zeit, in der vieles der späteren katholischen Lehre grundgelegt wurde, zeigen, dass es der Theologie nicht gelang, der spirituellen Erfahrung, die eigentlich ihr Nährboden und ihre Inspiration hätte sein können und sollen, einen systematischen Ort zu geben. Das Resultat dieses Prozesses war fatal. Mystische Strömungen und spirituelle Erfahrungen erhielten keinen Platz im kulturell-religiösen Gefüge der damaligen Zeit – und auch später nicht. Weder wurden sie in die Theologie wirklich integriert – es gab zwar immer mystische Theologen oder solche, die versuchten, für die innere Erfahrung einen Platz zu reklamieren, aber sie blieben Einzelstimmen – noch wurden sie in die sich entwickelnde Wissenschaft aufgenommen.

Es gab zweifelsohne immer wieder große Mystiker, die auch sehr einflussreich waren: Luther begründete aufgrund seiner persönlichen Erfahrung gleich eine eigene Religionsgemeinschaft. Ignatius von Loyola setzte, wiederum aufgrund seiner eigenen Erfahrung, die Gegenreformation in Gang und legte durch seine geistlichen Übungen den Grundstock für eine wirklich spirituell inspirierte Re-Interpretation der christlichen Lehre, die auch extrem wirkmächtig wurde. Seuse, Böhme, Angelus Silesius, Teresa von Avila und Johannes vom Kreuz: Sie alle waren zweifelsohne wirkmächtige Mystiker mit starker eigener innerer Erfahrung, denen es gelang, die theologische Botschaft spirituell neu zu durchdringen.

Dies alles ändert aber nichts am Grundargument: Spiritualität und spirituelle Erfahrung sind niemals wirklich systematisch in die theologische Methodik und in religiöse Strukturen aufgenommen worden, so wie es eigentlich zu Beginn der europäischen Wissenschaftsbewegung im 13. Jahrhundert explizit diskutiert worden war. Vielmehr ist dieser Strom der Innerlichkeit in den Untergrund abgetaucht. Er lebte fort in vielfältigen Strömungen der privaten Frömmigkeit, der Mystik Einzelner oder im Rahmen von Orden. Spiritualität wurde aber nicht zur Basis der Religion allgemein oder zu einem Pfeiler der Kultur.

Die Situation heute

Es ist die Pflicht des historischen Bewusstseins, sich des Erbes bewusst zu werden, das es zu verwalten hat (Gadamer 1975). Ich fasse unseren Befund zusammen: Der ursprünglich einheitliche Erfahrungsbegriff, der am Beginn des wissenschaftlichen Bemühens im 13. Jahrhundert stand, fiel in der Folge der Entwicklung auseinander in einen Begriff der Sinneserfahrung, die sich auf die äußere Welt richtet und der Grundlage für die Naturwissenschaft wurde, und in einen Begriff der inneren Erfahrung. Innere Erfahrung war zu jener Zeit noch diskutiert als ein möglicher, wissenschaftlicher Erkenntniszugang zur transzendenten Wirklichkeit. Aus verschiedenen Gründen wurde dieser Impuls nicht aufgegriffen. Die sogenannte Mystische Theologie, die ihn vertrat, wurde zunehmend in den Untergrund abgedrängt und lebte in der privaten Frömmigkeit und Innerlichkeit fort, in einigen großen Einzelgestalten und in Orden, nicht aber in der Wissenschaft selber. Die spirituell religiöse Tradition spaltete sich also gleichermaßen auf in die formal-strukturelle Seite, repräsentiert durch die Kirche, in die analytisch reflektive Seite, repräsentiert durch die akademische Theologie, und in die spirituell-erfahrungsmäßige Seite, repräsentiert durch eben jene Innerlichkeit. Von dieser gesamten theologisch-religiös-spirituellen Tradition abgetrennt und losgelöst hat sich die Wissenschaft als Erbin der Aufklärung entwickelt. Sie hat sich dezidiert von theologischer Bevormundung befreit und diese Entwicklung bis heute weitergetrieben.

Spiritualität ist also in dieser Sicht eine kulturelle Untergrundströmung, die weder von der Theologie noch von der Wissenschaft aufgegriffen wurde. Es ist meine These, dass diese Strömung heute wieder an die Oberfläche tritt. Der wissenschaftlich systematische Ort hierfür ist die transpersonale Psychologie, die sich u. a. mit spirituellen Erfahrungen beschäftigt und mit Erfahrungen, die über das eigene Ich hinausgehen (Walach/Kohls/Belschner 2005). Damit wird ein Schritt vollzogen, der historisch bereits einmal im Begriff war, vollzogen zu werden, der aber nicht vollendet wurde.

Es ist an der Zeit, dass die Wissenschaft das Thema Spiritualität in ihrem Kern aufgreift. Damit meine ich, dass sie nicht nur die Auswirkungen der Spiritualität untersucht; warum also Menschen sich spirituellen Erfahrungen öffnen, was sie davon haben, welche Funktion Spiritualität im psychologischen Gefüge von Menschen erfüllt usw. Damit meine ich auch, dass die Dimension der inneren Erfahrung als epistemologischer Zugang zur Wirklichkeit entsprechend thematisiert wird. Dies ist ein komplexes Programm, das noch völlig in den Anfängen steht und sehr viel Arbeit erfordern wird. Ich habe an anderer Stelle Anmerkungen hierzu gemacht (Walach 2007). An dieser Stelle dazu so viel:

1. Wissenschaft zielt auf die *ganze* Wirklichkeit ab. Wird die Spiritualität aus dieser Wirklichkeit ausgeblendet, wird die Wissenschaft ihrer eigenen Zielsetzung nicht gerecht.

2. Spiritualität ist offensichtlich wichtig für die Menschen, auch und gerade unter postmodernen Bedingungen. Wenn sich die Wissenschaft – als die einzige große kollektive Unternehmung der Menschheit, die einigermaßen friedlich und systemübergreifend auf Erkenntnis zielt – nicht darum kümmert, dann wird Spiritualität zum Strandgut von Fundamentalisten und Splittergruppen, die sie instrumentalisieren und damit Menschen für ihre Zwecke einsetzen. Wir sehen dies bereits jetzt in allen Formen des religiösen Fundamentalismus.

3. Die Probleme, vor denen wir heute stehen, scheinen mit Mitteln der modernen Rationalität alleine nicht lösbar zu sein. Andernfalls hätten wir jetzt weder eine ökologische noch eine wirtschaftliche oder eine politische Krise. Selbstverständlich kann man auch der Meinung sein, dass wir noch zu wenig wissenschaftliche analytische Rationalität anwenden und gerade deswegen die Probleme entstehen. Dies ist eine Haltung, die nicht mit grundlegenden psychologischen Erkenntnissen im Einklang steht. Rationale Einsicht ist in aller Regel ein unzureichendes Motiv für Handlungsänderung. Nur wenn emotionale Elemente hin-

zukommen, wird genügend Handlungspotenzial freigesetzt. Dieses kann aber nicht erzeugt werden, wenn analytische Erkenntnis allein handlungsleitend ist, sondern allenfalls durch eine ganzheitliche Erkenntnis von Wirklichkeit. Und eine solche ist, unserer Eingangsdefinition zufolge, die spirituelle Erfahrung.

Punkt eins, der Ausgriff der Wissenschaft aufs Ganze, scheint unmittelbar einsichtig zu sein. Man kann zwar einem funktionalistisch-restriktiven Begriff von Wissenschaft huldigen, der sich automatisch nur auf die materiell gegebene, positive Wirklichkeit beschränkt. Dies halte ich nicht für sinnvoll, da damit viele Bereiche, die schon jetzt zur Wissenschaft gerechnet werden und die etwa mit kulturellen Erzeugnissen, mit linguistischen oder mentalen Strukturen zu tun haben, aus dem Bereich der Wissenschaft herausfallen würden.

Punkt zwei, die Bedeutsamkeit der Spiritualität für uns Menschen, lässt sich anhand von neueren Daten belegen, die Liane Hofmann im Zuge ihrer sich noch in Arbeit befindlichen Dissertation erhoben hat (Hofmann/Möckelmann/Walach 2003). Sie hat eine repräsentative Stichprobe von beinahe 900 Psychotherapeuten befragt. 65% von diesen glauben an eine höhere Wirklichkeit. 36% bezeichnen sich als spirituell, 21% als religiös, 15% als atheistisch oder agnostisch, 26% wollen sich nicht festlegen und 2% nennen beides, spirituell und religiös. Nur 35% von diesen sagen, sie hätten noch nie eine bedeutsame spirituelle Erfahrung gemacht, immerhin 11% sagen, sie hätten schon oft eine spirituelle Erfahrung gemacht; der Rest verortet sich dazwischen.[11] Ich möchte vor allem auf zwei Sachverhalte hinweisen: Die oftmals angesprochene Trennung zwischen Religion und Spiritualität spiegelt sich in diesen Daten klar wieder. Tendenziell mehr Antwortende bezeichnen sich als spirituell und nicht als religiös. Und außerdem: Spiritualität und spirituelle Erfahrung sind relativ weitverbreitete Phänomene.

Diese Daten stehen in krassem Widerspruch zu einer Umfrage

aus dem Jahre 1998 an Mitgliedern der National Academy of Science in den USA (Larson/Witham 1998): 93% der führenden Wissenschaftler glauben nicht an Gott. Von den 7% Gläubigen sind Physiker und Mathematiker noch am ehesten gewillt, an eine transzendente Wirklichkeit zu glauben – und Psychologen und Biologen am wenigsten. Psychologen und Psychotherapeuten haben eine relativ anspruchsvolle wissenschaftliche Ausbildung durchlaufen. Wenn zwei Drittel von diesen einen Glauben an eine höhere Wirklichkeit äußern und sagen, sie hätten bereits einmal eine bedeutsame spirituelle Erfahrung gemacht, dann bedeutet dies doch wohl, dass Spiritualität, aller rational-wissenschaftlichen Ausbildung zum Trotz, eine menschliche Grundkonstante darstellt. Wenn wir gleichzeitig die Daten zur Kenntnis nehmen, dass die überwiegende Mehrheit der führenden amerikanischen Wissenschaftler dem Glauben an eine transzendente Wirklichkeit ablehnend gegenübersteht, dann erkennen wir, dass wir es mit einem grundlegenden Konflikt zu tun haben. Die Aufklärung hat innerhalb der Wissenschaft gründlich aufgeräumt und eine Weltanschauung installiert, die der Spiritualität nicht unbedingt freundlich gesinnt ist. Dies ist verständlich, wenn man die historische Entwicklung bedenkt, aber nicht notwendig, wenn man die systematischen Gemeinsamkeiten betrachtet.

Es gibt den Antagonismus nämlich nur zwischen Szientismus, also Wissenschaft als Weltanschauung, und Spiritualität oder Religion (Walach 2008). Wissenschaft als Methode hat von eigentlicher Spiritualität nichts zu fürchten (und umgekehrt). Denn beide haben eine große Gemeinsamkeit: Sie stützen sich auf Erfahrung. Wissenschaft hat den Baconschen Erfahrungsbegriff, der sich auf die äußere Welt richtet, zur Vollendung gebracht. Spiritualität gründet sich auf innere Erfahrung, die von Bacon ebenfalls zur experimentellen Wissenschaft gerechnet wurde.

Die Gemeinsamkeit ist aber noch subtiler. Für gewöhnlich geht man davon aus, dass Wissenschaft ihren Ausgang in der

Sinneserfahrung nimmt, diese dann zu Strukturen ordnet, die ihrerseits wieder Anlass zu theoretischen Modellen geben, aus denen Vorhersagen abgeleitet werden, die dann wieder empirisch-experimentell getestet werden. Dies ist ein Zirkel, der von der Induktion über die Abduktion zur Deduktion und dann wieder zur Induktion führt. Induktion und Deduktion sind als Schlussformen wohl bekannt. Induktion schließt von Einzelfällen auf eine allgemeine Struktur, Deduktion leitet aus dem Allgemeinen einen Einzelfall ab. Dazwischen ist die Abduktion angeordnet. Sie schließt von wenigen, disparaten Einzelfällen auf eine mögliche theoretische Struktur, die diese Einzelfälle verbindet. Das beste Beispiel für Abduktion ist Sherlock Holmes, der Meisterdetektiv, der aus wenigen Spuren die wahre Geschichte erschließt. Es ist mittlerweile gut bekannt, dass Conan Doyle, der Erfinder von Sherlock Holmes, diese Figur einem seiner medizinischen Lehrer abgeschaut hat und dessen medizinische Kunst, von Symptomen auf eine Krankheit zu schließen, literarisch zelebriert hat (Eco/Sebeok 1985; Wirth 1996). Jede gute wissenschaftliche Theorie ist eine abduktive Leistung. Denn wenn man immer nur Einzelfälle und Tatsachen beobachtet, findet man keine Theorie. Die Theorie, die die Einzelbeobachtungen zu einer sinnvollen Struktur verbindet, wird vom Geist des Beobachters geliefert. Er findet sie aber nicht in der Wirklichkeit vor, sondern er-findet sie. Abduktion ist ein kreativer Akt der intuitiven Einsicht und Erkenntnis. Ohne sie gäbe es keine Wissenschaft. Meist wird dieser Schritt vergessen. Denn viele Wissenschaftler kommen ohne Abduktion aus. Zeit ihres Lebens tun sie nichts anderes, als die Theorien anderer zu untersuchen, zu widerlegen oder empirisch zu modifizieren. Aber Wissenschaft als Kollektivunternehmung kann auf den kreativen Schritt nicht verzichten. Und genau in diesem kreativen Schritt berühren sich Wissenschaft und Spiritualität.

Spiritualität beginnt mit diesem intuitiv-ganzheitlichen Erkennen, der spirituellen Erfahrung. Dies ist der Abduktion vergleichbar. Diese Erfahrung wird dann in einem interpretativen Modell verdichtet; dieser Schritt ist der Induktion eng verwandt. Schließlich werden aus diesem Modell Handlungsmaximen abgeleitet und die spirituelle Erfahrung in die Praxis umgesetzt. Dieser Schritt erinnert an die Deduktion. Wir haben also strukturell den gleichen Zirkel der Erkenntnis vor uns, den auch die Wissenschaft nutzt, nur um 90 Grad versetzt. Während die wissenschaftliche Erkenntnis mit der Sinneserfahrung beginnt und die Abduktion, also die kühne Vermutung einer vorläufigen theoretischen Struktur, als nächsten Schritt hat, aus dem dann deduktiv weitere Folgerungen abgeleitet werden, beginnt Spiritualität mit einer der Abduktion vergleichbaren, intuitiven inneren Erfahrung. Die kreative Einsicht der Wissenschaft, die unverfügbar und unanalysierbar das Sinnesmaterial zu einer Struktur ordnet, ist der Sache und der Struktur nach identisch mit einer spirituellen Erfahrung. Umgekehrt lässt spirituelle Erfahrung oft eine erstaunliche Einsicht in Zusammenhänge der Wirklichkeit zu, die eben ganzheitlich und weitgreifend sind. Insofern könnten sich also beide Bereiche nur beflügeln und voneinander lernen. Die Wissenschaft könnte die Kenntnis beisteuern, wie man durch systematische Reflexion, Kritik und Methodenverfeinerung verhindert, falschen Erkenntnissen aufzusitzen. Die Spiritualität könnte zeigen, wie man durch systematische Übung der Innerlichkeit die intuitiv-ganzheitliche Erkenntniskraft schult, ohne die Wissenschaft belanglos und wirkungslos bleibt.

Beide, Spiritualität und Wissenschaft, scheinen mir also ein komplementäres Paar zu sein in dem Sinne, in dem Nils Bohr den Begriff geprägt hat: sich anscheinend als maximal inkompatibel ausschließend und dennoch nötig, um einen Sachverhalt zu verstehen. Der zu verstehende Sachverhalt ist das menschliche Erkenntnisvermögen, das auf die ganze Wirklichkeit zielt. Es wird so lange unzureichend bleiben, solange die Wissenschaft die Spiritualität nicht integriert hat (und umgekehrt).

Glaube und Vernunft – Religion, Erziehung und Zivilgesellschaft in Europa

Antonin Wagner

Einleitung

Im Zuge der Globalisierung hat sich die Landschaft der Religionszugehörigkeit besonders in Europa verändert, und neue Migrationsreligionen haben das Monopol christlicher Konfessionen aufgebrochen. Religiös aufgeladene Weltkonflikte haben das Thema der religiösen Pluralisierung Europas zusätzlich ins Zentrum der Aufmerksamkeit gerückt. Parallel dazu hat die Auflösung institutioneller Muster innerhalb des Christentums zu einer Wiederkehr des Religiösen geführt. Immer häufiger wenden sich verunsicherte Menschen Bewegungen und Kleinkirchen zu, die durch die Vermittlung von religiösen Erfahrungen (*fides qua creditur*) einen wichtigen Beitrag zu deren Identitätsfindung leisten, ohne dass Glaubensdoktrinen (*fides quae creditur*) zur einzigen, ihr Leben bestimmenden Kraft werden oder gar eine säkulare Verfassung ausschließen würde.

Es ist nicht das erste Mal in der gut zweihundertjährigen Geschichte europäischer Nationalstaaten, dass die Frage der Religionszugehörigkeit eine Zivilgesellschaft bezüglich ihres Integrationspotenzials auf eine harte Bewährungsprobe gestellt hat. Im September 1791 (also nur zwei Jahre nach der Französischen Revolution) hat die Nationalversammlung Frankreichs den Juden zum ersten Mal in Europa volle Bürgerrechte zuerkannt. Diese Geste war nicht unbedingt ein Ausdruck von Freiheit, Gleichheit und Brüderlichkeit, sondern ist in der Absicht erfolgt, mit dem Niederreißen der Ghettomauern der noch jungen französischen Nation wirtschaftliche Impulse zu verleihen. Die formelle gesetzliche Gleichstellung der Juden hat aber nicht unmittelbar zu deren gesellschaftlicher Integration geführt. Daher hat der inzwischen zu kaiserlichen Würden aufgestiegene Napoleon am 9. Februar 1807 im Pariser Stadthaus den Großen Sanhedrin einberufen.[12] Dieser aus 71 Rabbinern und anderen jüdischen Notabeln bestehende Rat musste der Frage nachgehen, ob gewisse Vorschriften in der jüdischen Lehre eine volle gesellschaftliche Integration der Juden verhindern würden. Am 6. April 1807 hat der Sanhedrin dem Kaiser seinen Bericht unterbreitet. Darin wird ausgeführt, dass Juden nicht mehr als eine Frau haben dürfen, dass sie auch Christen gültig heiraten können und vor allem, dass sie Frankreich als ihr Vaterland betrachten, das sie lieben und das sie notfalls auch verteidigen würden. Der Kaiser war von den Antworten befriedigt, und fortan wurden die Juden als vollwertige Bürger der französischen Gesellschaft betrachtet.

Die in den Beratungen des Sanhedrins zum Ausdruck kommende Skepsis gegenüber den Juden im Frankreich des beginnenden 19. Jahrhunderts spiegelt in auffälliger Weise die öffentliche Meinung, die 200 Jahre später nicht nur in Frankreich, sondern in ganz Europa gegenüber dem Islam als wichtigster Migrationsreligion besteht. Laut der in Wien ansässigen Stelle zur Beobachtung von Rassismus und Xenophobie (European Monitoring Centre on Racism and Xenophobia, neuerdings: EU Agency for Fundamental Rights; siehe www.eumc.europa.eu) leben in der EU derzeit etwa 13 Millionen Muslime.[13] Nicht zuletzt als Folge der Einwanderung von Muslimen nach Europa spielt heute Religion als Faktor sowohl der Verhinderung als auch der Förderung gesellschaftlicher Integration wieder eine große Rolle. Dadurch wurden vor 200 Jahren beantwortete Fragen zur Gesellschaftsfähigkeit der Juden für die Muslime erneut als Tagesordnungspunkte auf die politische Agenda gesetzt: Soll an öffentlichen Schulen für muslimische Kinder Religionsunterricht eingeführt werden? Können muslimische Gemeinschaften als Körperschaften öffentlichen Rechts anerkannt werden? Und die vielleicht kontroverseste Frage: Wie verhält sich der Islam zum Rechts- und Wertesystem europäischer Länder im Allgemeinen und zur Gleichstellung der Frauen im Besonderen?

Gesellschaftliche Integration durch Stärkung der Zivilgesellschaft: Fallstudie Türkei

Solche Fragestellungen weisen auf die islamfeindliche Haltung hin, die zufolge der oben erwähnten EU-Beobachtungsstelle in vielen europäischen Ländern zum Ausdruck kommt. Das Thema dieser Ausführungen ist aber nicht die von einigen als gescheitert betrachtete Integration von Muslimen in der EU, sondern die Rolle, die religiösen Doktrinen in einer säkularen, auf Diskurs beruhenden Demokratie zukommt, und das Verhältnis von Glaube und Vernunft, das diese Rolle bestimmt. Zur Diskussion dieser Frage stellt der Islam aber ein interessantes Fallbeispiel dafür dar, wie unterschiedlich die gesellschaftliche Rolle von Religion nicht nur in den neu entstandenen Demokratien des islamischen Kulturkreises, sondern im säkularen Rechtsstaat generell verstanden wird. Das eine Extrem stellt wohl der umstrittene Entscheid des obersten Gerichts von Malaysia dar, dass Muslime nur mit der Zustimmung eines Schariah-Gerichtes zum Christentum konvertieren können (Neue Zürcher Zeitung vom 31.5.2007, 1). Da ein Religionswechsel für Muslime damit praktisch unmöglich geworden ist, kommt dieser Entscheid einem Verdikt gegen die Religionsfreiheit in der als Verfassungsdemokratie geltenden malaysischen Gesellschaft gleich. Gewissermaßen das andere Extrem stellt die Türkei dar, in der ähnlich wie in Frankreich die Religion vom Staat getrennt ist und beispielsweise das Tragen des muslimischen Schleiers in der Öffentlichkeit untersagt ist.

Angesichts der Tatsache, dass der Türkei als Ursprungsland der meisten in Deutschland lebenden Muslime eine besondere Bedeutung zukommt, möchte ich zum besseren Verständnis des Verhältnisses von Religion und Gesellschaft auf die interessante politische Entwicklung in diesem Land eingehen. Im Frühjahr

2007 hat das türkische Verfassungsgericht mit dem fadenscheinigen Argument, es sei nicht die erforderliche Zahl von zwei Dritteln aller Abgeordneten im Parlament anwesend gewesen, die Ernennung von Abdullah Gül (eines Vertreters der konservativ-religiösen Partei für Gerechtigkeit und Entwicklung, AKP) zum Präsidenten verhindert und Neuwahlen für den 22. Juli 2007 erzwungen. Den mit großer Mehrheit regierenden Religiös-Konservativen wurde vorgeworfen, sie hätten mit der Besetzung wichtiger staatlicher Ämter die Vorherrschaft religiöser Kräfte angestrebt und damit den säkularen Rechtsstaat untergraben wollen. Die Armeeführung hat daher im sogenannten Mitternachtsmemorandum mit einer Intervention der Streitkräfte gedroht, um das säkulare Erbe Atatürks vor der religiösen Reaktion zu bewahren. Paradoxerweise wurde sie dabei von einer dem Militär gegenüber kritischen Linkspartei unterstützt, die Mitglied der sozialistischen Internationale ist. Und deutsche Medien, die bisher in der türkischen Regierungspartei ein muslimisches Gegenstück zur CDU gesehen hatten, distanzierten sich von der AKP als gefährlicher islamistischer Kraft.

Solche Reaktionen von Links und Rechts auf die Vorgänge in der Türkei stellen gängige Vorstellungen über die Beziehung zwischen Staat und Religion in einer säkularen islamischen Gesellschaft auf den Kopf. Plötzlich werden putschende Generäle zu Hütern des Verfassungsstaates hochstilisiert, und eine staatstragende Partei wird politisch ins Abseits gedrängt, weil sie das Absingen religiöser Lieder in der Schule und Wettbewerbe im Koranvortrag toleriert. Die Behauptung der türkischen Opposition und die Darstellung in ausländischen Medien, dass es beim Machtkampf in der Türkei einzig um die Wahl zwischen Islamismus und Säkularismus gehe, greifen zu kurz. Einerseits kann man der AKP nicht vorwerfen, dass sie die Religion als politisches Instrument verwende oder gar die Schariah über den Rechtsstaat stelle. Andererseits haben der politische Entwurf einer offenen Gesellschaft und die dazugehörigen Forderungen von liberaler Demokratie, Minderheitenschutz und unbehinderter journalistischer Tätigkeit wenig mit der Gedankenwelt türkischer Generäle gemeinsam.

Nach Auffassung vieler Beobachter, die im Frühjahr 2007 an dem in Istanbul tagenden Jahreskongress des Internationalen Presseinstituts teilgenommen hatten, liegt die Ursache für die gegenwärtige Verfassungskrise in der Türkei nicht zuletzt in der Schwäche der Zivil- oder Bürgergesellschaft[14] und der eigenartigen Symbiose, die der türkische Staat mit der Religion eingegangen ist. Islamistische Strömungen bedrohen nun diese Symbiose. Das ruft die Armee auf den Plan, gewissermaßen um die Republik vor ihrem eigenen Volk zu retten. Viel wirkungsvoller könnte jedoch der Islamismus mit einer Stärkung der Zivilgesellschaft eingedämmt werden. Einen ersten Schritt dazu stellt eine Erklärung von 500 liberalen Intellektuellen gegen die Putschdrohung des Militärs dar (Seufert 2007). In ihr wird ausgeführt, dass die laizistische Republik nicht mit Waffengewalt, sondern nur durch mehr Demokratie gestärkt werden kann. Mehr Demokratie zielt auf die gesellschaftliche Integration bisher benachteiligter Schichten ab, z. B. der Kurden, aber auch der religiösen Minderheit der Aleviten. Nur mit der bürgerlichen Gleichstellung dieser nicht dem Idealbild vom säkularen Türken entsprechenden Bewohner des Landes kann die politische Krise in der Türkei einer nachhaltigen Lösung zugeführt werden.

Zur Rolle von Zivilgesellschaft und Religion im säkularen Rechtsstaat

Dass die erfolgreiche Integration von Minderheiten – nicht zuletzt auch religiöser Gruppierungen – eine Stärkung der Zivilgesellschaft erfordert, gilt nicht nur für die Türkei, sondern trifft auch auf säkulare Demokratien außerhalb des islamischen Kulturkreises zu. Demokratien leben vom dynamischen Austausch zwischen den Bürgern und dem Staat als ihrem einzigen legitimen Vertreter. Dieser Austausch wird aber in zunehmendem Maße vom Machtgefälle beeinträchtigt, das zwischen denjenigen besteht, die an der Staatsführung direkt (als Regierende, Parlamentarier, Richter) oder indirekt (als Parteimitglieder und Stimmbürger) beteiligt sind, und denjenigen, über die als Bewohner eines Landes entschieden wird. Die eine Seite in diesem Machtgefüge stellt gewissermaßen die politische, die andere Seite die zivile Gesellschaft – oder eben die Zivilgesellschaft – dar. Um eine auf Diskurs basierende Demokratie funktionsfähig zu erhalten, müssen neben den vor allem von Parteien und Interessenverbänden getragenen Formen der politischen Mitentscheidung auch vielfältige Mechanismen der Mitwirkung innerhalb der Zivilgesellschaft entwickelt werden.

Ein erfolgsversprechendes Instrument der Mitwirkung sind beratende Bürgerkonsultationen, wie sie in Form von »runden Tischen«, Öffentlichkeitsforen, Hearings und Volksdiskussionen vielerorts angeboten werden. Solche Ansätze zur zivilgesellschaftlichen Mitwirkung sind vor allem dort von Bedeutung, wo sich – wie in Europa der Fall – ehemals homogene Nationalstaaten im Zuge der Globalisierung und zunehmender Migrationsbewegungen zu multikulturellen Gesellschaften entwickelt haben. Hier wird die politische Konsensfindung durch eine Vielzahl von sich widersprechenden Weltanschauungen erheblich erschwert. Besonders Gruppierungen mit einem kirchlichen oder allgemein religiösen Hintergrund kommt als zivilgesellschaftlichen Trägern eine wichtige Vermittlerfunktion zwischen den Bewohnern aus fremden Kulturkreisen und den Institutionen des Staates zu. Sie stellen eine Plattform dar, um die Anliegen der politisch nicht eingebundenen Mitglieder der Gesellschaft in den formalisierten Entscheidungsmechanismus einzubringen. Zudem haben Glaubensgemeinschaften oft einen erheblichen Einfluss auf die Identitätsfindung von zugewanderten Menschen. Das daraus erwachsende Zugehörigkeitsgefühl trägt ebenfalls zur gesellschaftlichen Integration von Einwanderern aus fremden Kulturen bei.

Wie aber verträgt sich diese Rolle organisierter Religion als Bindeglied zwischen ziviler und politischer Gesellschaft mit der Vorstellung einer säkularen Demokratie, in der nur mit der Vernunft zugänglichen Argumenten in öffentliche Debatten über die Gestaltung von Politik eingegriffen werden darf? Zur Beantwortung dieser Frage kann auf die eingangs erwähnte Unterscheidung zwischen *fides qua creditur* und *fides quae creditur* zurückgegriffen werden. Bezüglich des ersten Aspektes von Religion als subjektiv verfügbarer Ressource der Lebensbewältigung wäre es kontraproduktiv, wenn ein Staat, der die freie Religionsausübung in der Privatsphäre gewährleistet, die Menschen daran hindern würde, aus religiösen Vorstellungen abgeleitete Handlungsanweisungen für das Zusammenleben in einer Gesellschaft heranzuziehen. Das heißt aber noch lange nicht, dass eine Glaubensdoktrin (*fides quae creditur*) auch als objektiver Maßstab für die Entscheidungsfindung in einer öffentlichen Debatte über Verfassungsfragen dienen kann.

Unbestritten ist, dass in formaler Hinsicht gegen eine Beteiligung religiöser Gruppierungen an der politischen Entscheidungsfindung im Rahmen von Vernehmlassungen (in der Schweiz), Abstimmungen und Wahlen nichts einzuwenden ist. Es gilt nämlich der Grundsatz, dass Teilnahme an der Entscheidungsfindung nicht auch inhaltliche Zustimmung erfordert. Hingegen muss diskutiert werden, ob und gegebenenfalls wie religiös eingebundene Gesellschaftsmitglieder mit weltanschaulich gefärbten Argumenten auf das Resultat öffentlicher Debatten Einfluss nehmen können. In einer von unterschiedlichen Weltanschauungen geprägten, pluralistischen Gesellschaft ist nicht zulässig, dass andere als der Vernunft zugängliche Argumente zur Konsensfindung eingebracht werden. Demokratische Abgrenzungen von Interessen dürfen daher nicht auf der Basis eines absolutistischen Wahrheitsbegriffes, d. h. mit Hilfe von aus einer Offenbarungsquelle hergeleiteten Argumenten geführt werden, sondern nur in der Absicht, das politisch Mögliche zu realisieren. Aus der Sicht einer säkularen Demokratie verdienen nur die Religionsgemeinschaften das Prädikat »vernünftig«, die aus eigener Einsicht auf eine sture Durchsetzung ihrer Glaubenswahrheiten und auf den militanten Gewissenszwang gegenüber den eigenen Mitgliedern verzichten.

Vernünftiger Pluralismus erfordert daher, dass sich gläubige Menschen bemühen, in religiöser Sprache gefasste Argumente für den Gebrauch in der Öffentlichkeit so zu übersetzen, dass sie sowohl den Angehörigen anderer Glaubensbekenntnisse als auch nicht religiös eingebundenen Mitbürgern und Mitbürgerinnen zugänglich sind. Auf diese Weise wird gewährleistet, dass religiöse Inhalte – besonders in Gesellschaften, in denen eine Mehrheit der Menschen einem bestimmten Glaubensbekenntnis verpflichtet ist – nicht zu politischen Zwecken instrumentalisiert werden. Umgekehrt darf aber Säkularismus nicht selber zur Religion hochstilisiert werden. Der säkulare Staat stellt keine absolute Richtgröße dar, sondern darf lediglich als neutrale Plattform verstanden werden, die prinzipiell auch weltanschaulichen Strömungen zugänglich sein muss. Es geht also nicht an, dass die (inhaltliche und nicht bloß formale) Beteiligung religiös eingebundener Menschen an politischen Entscheidungsprozessen an Bedingungen geknüpft wird, während sich säkulare, nicht einem Glaubensbekenntnis verpflichtete Bürger ohne jegliche Auflage politisch betätigen können.

Im Sinne einer demokratischen Bürger-Ethik ist daher zu fordern, dass auch den sich ausschließlich an Vernunftkriterien orientierenden Menschen gewisse Verpflichtungen auferlegt werden. Sie müssen anerkennen, dass in einer auf Konsensfindung beruhenden Demokratie auch Vernunftargumente an Grenzen stoßen können. Auch darf der säkularisierte Teil einer Gesellschaft religiöse Vorstellungen nicht prinzipiell als mit einer modernen Lebensauffassung unvereinbar abqualifizieren. Gläubige und nichtgläubige Bürger/Bürgerinnen müssen also gleichermaßen bestrebt sein, in gegenseitigem Respekt aufeinander zuzugehen und sich in der Achtung vor den gemeinsamen Grundwerten einem für beide Seiten erforderlichen Lernprozess zu unterziehen.

Erziehung zum Bürgersein

Dieses Verständnis von gesellschaftlichem Engagement als respektvollem Umgang mit den anderen wirft ein neues Licht darauf, was es heißt, ein Bürger bzw. eine Bürgerin zu sein. Im Gegensatz zu anderen gesellschaftlichen Rollen (besonders in Familie und Beruf), die eine persönliche Zustimmung erfordern, werden die meisten Menschen ohne eigenes Zutun aufgrund der Abstammung (*jus sanguinis*) oder der Geburt auf einem nationalen Territorium (*jus solis*) zu Bürgern eines Landes. Bürgersein wird daher oft als ein Privileg im rein rechtlichen Sinn verstanden.[15] In der deutschen Sprache wird der in der französischen Revolution entstandene Begriff von *citoyenté* – im Gegensatz etwa zum Englischen – als »Bürgerrecht« und nicht im ideellen Sinn als »Bürgerschaft« (englisch: »citizenship«) wiedergegeben. Dabei wird von der Tatsache abstrahiert, dass es sich beim Bürgersein um eine gesellschaftliche Institution handelt, die auf einem komplexen, von Rechtsansprüchen und Verpflichtungen geleiteten Zusammenspiel zwischen Individuen, dem Staat und seinen Organen beruht. Damit dieses Zusammenspiel funktioniert, müssen gewisse subjektive und objektive Bedingungen erfüllt sein. Subjektiv gesehen stellt »Bürgerlichkeit« – wie sich der bedeutende Historiker, Hitler-Biograph und Essayist Joachim Fest auszudrücken pflegte (Fest 2007) – eine Lebensform dar; das setzt eine Absicht voraus, in die Rolle des Bürgerseins hineinzuwachsen. Aus objektiver Sicht ist es aber ebenso wichtig, dass den Mitgliedern einer Gesellschaft Zugang zu ideellen und materiellen Ressourcen gegeben wird, die das Bürgerwerden erst ermöglichen. Es ist daher wichtig, zwischen rein formalem Bürgersein (das oft im Besitz eines Reisepasses zum Ausdruck kommt) und dem in einem lebenslangen Lernprozess verwirklichten Bürgersein (»realized citizenship«) zu unterscheiden. Umgekehrt ist dem Umstand Rechnung zu tragen, dass sich in typischen Einwanderungsgesellschaften zugezogene Ausländer als eine Art Quasi-Bürger oft mehr um diesen Lernprozess bemühen als die mit dem formalen Bürgerrecht ausgestatteten und entsprechend privilegierten Einheimischen.

Um Lernprozesse zum Bürgerwerden zu ermöglichen, müssen von gesellschaftlichen Instanzen besonders für junge Menschen Orientierungshilfen und eigentliche Erziehungsprogramme bereitgestellt werden. An dieser Aufgabe der Erziehung zum Bürgersein können auch kirchliche Gruppierungen und allgemein Religionsgemeinschaften beteiligt werden. Eine von der Landesregierung Nordrhein-Westfalens in Auftrag gegebene und an der Ruhr-Universität Bochum durchgeführte Untersuchung[16] über Integrationspotenziale und Konfliktfelder religiöser Vielfalt zeigt auf, dass ein überdurchschnittlicher Prozentsatz von Zuwanderern und Aussiedlern in religiösen Vereinigungen engagiert ist. Religion – so weist die Studie nach – stellt für viele Menschen mit Migrationshintergrund einen wichtigen Faktor der Identitätsbildung dar. Menschen, die in eine Religion eingebunden sind, haben die Möglichkeit, sich in Vereinen zu engagieren. Dass die ersten Zuwanderer nach dem Zweiten Weltkrieg – Italiener, Spanier und Portugiesen – heute in Deutschland relativ gut integriert sind, hat nicht zuletzt mit diesem Umstand zu tun. Die ihnen aus der Heimat vertraute katholische Kirche hat wesentliche Integrationshilfe geleistet.

Auf die Erfahrung aus den 60er-Jahren zurückgreifend wäre zu überlegen, ob nicht auch außereuropäischen Kulturen angehörige Religionsgemeinschaften einen Beitrag zur Erziehung zum Bürgersein leisten könnten. Dies würde erfordern, dass staatliche Instanzen vermehrte Bereitschaft zeigen, auch religiöse Integrationsprojekte zu unterstützen. An möglichen Schnittstellen zwischen staatlichen und religiösen Einrichtungen für die Bürgererziehung von Ausländern fehlt es nicht. Die Einführung religionskundlicher Fächer in den öffentlichen Lehrplan und die Bereitstellung einer angemessenen räumlichen Infrastruktur für die Religionsausübung stellen zwei wichtige Beispiele dar.

Typisch für Länder wie Deutschland und die Schweiz, in denen das Schulwesen getreu dem föderalistischen Prinzip von den Gliedstaaten (Kantonen) geregelt wird, ist die Auffassung, dass angesichts wachsender religiöser Pluralisierung der Gesellschaft Religionsunterricht eigentlich zum Bildungsauftrag der öffentlichen Schule gehört.[17] Es bestehen aber unterschiedliche Vorstellungen, wie dieses Postulat praktisch umzusetzen ist. Einige argumentieren, dass nicht nur für Angehörige der Mehrheitsreligion entsprechende Angebote bereitzustellen wären, sondern auch Religionsunterricht für religiöse Minderheiten (beispielsweise muslimische Kinder) in den Lehrplan aufgenommen werden müsste. In Deutschland ist dieser Vorschlag in einzelnen Bundesländern relativ weit gediehen und hat zur Schaffung von Lehrstühlen für muslimische Religionskunde geführt. In der Schweiz hingegen wird der Idee vom Religionsunterricht für Minderheiten mit viel Skepsis begegnet. Dafür haben sich mehrere Kantone für Modelle entschieden, die zum Ziele haben, den Religionsunterricht in den Dienst der gesellschaftlichen Integration und Wertvermittlung zu stellen, also Unterricht *über* Religionen statt eine Einführung *in* eine Religion anzubieten. Im Kanton Zürich wird in der Primarschule ab dem Schuljahr 2008/09 schrittweise ein neues Fach »Religion und Kulturen« eingeführt, das von patentierten Lehrkräften unterrichtet wird und dessen Besuch für alle obligatorisch ist. Die Bezeichnung des

Faches soll darauf hinweisen, dass Religionen nicht isoliert gelebt werden, sondern in ihrer jeweiligen kulturellen Umgebung entstanden und in sie eingebettet sind. Dem Luzerner Lehrplan zufolge soll ein neues Fach »Ethik und Religionen« den Schülern helfen, Erfahrungen und Zusammenhänge in ihren Lebenswelten wahrzunehmen. In einem weiteren Schritt sollen sich die Kinder »mit kulturellen und religiösen Werten von Überlieferungen« auseinandersetzen. Zudem stellt die Schule allen Religionsgemeinschaften Räume zur Verfügung, wenn sie für ihre Mitglieder einen eigenen, konfessionellen Unterricht auf freiwilliger Basis durchführen wollen.[18]

Die Verpflichtung der Schule im Kanton Luzern, Räume für den auf einzelne Glaubensbekenntnisse bezogenen Religionsunterricht zur Verfügung zu stellen, weist auf ein weiteres Problem hin, mit dem Minderheitsreligionen in Einwanderungsgesellschaften konfrontiert sind. Die unzureichende räumliche Infrastruktur ermöglicht es ihnen nicht, ihren Bildungs- und Integrationsauftrag in einem angemessenen äußeren Rahmen wahrzunehmen. Muslime, die sich in einer Autoeinstellhalle zum Gebet versammeln, Hindus, die ihren Tempel in einem Hinterhof verstecken, Buddhisten, die in einer ausgedienten Garage meditieren, fördern das Entstehen von Parallelgesellschaften mit der für sie typischen Haltung totaler Verweigerung. Daher gilt es im vollen Sinn des Wortes, für religiöse Minderheiten Raum zu schaffen, damit ein für die Erziehung zum Bürgersein förderliches Gespräch zwischen Religionen, Kulturen und Gesellschaften zustande kommt.

Sowohl in Deutschland wie in der Schweiz wird aber gegen den Bau von Moscheen und die Einrichtung muslimischer Grabfelder polemisiert, weil sie eine Integration vorspiegele, die es in Wirklichkeit nicht gebe. Dabei geht es meistens nur vordergründig um Gebäude und Landparzellen, sondern eher um kulturalistische und politische Argumente, die auf »Ehrenmorde«, die

Unterdrückung der Frauen im Islam, die unaufgeklärte Verfassung muslimischer Theologie und die mangelnde Religionsfreiheit in muslimischen Ländern verweisen. Der Schriftsteller Navid Kermani, ein Mitglied der Deutschen Islamkonferenz, hat in der »Süddeutschen Zeitung« vom 5.6.2007 allerdings beschwichtigend darauf hingewiesen, dass an einer Bürgerversammlung in Köln hart, aber ohne Hetze über den Bau einer neuen Zentralmoschee gestritten worden sei. Gleiches kann ich von der Schweiz nicht behaupten. Hier hat eine von der Schweizerischen Volkspartei lancierte Initiative, mit der ein Verbot für den Bau von Minaretten in der Bundesverfassung verankert werden sollte, die antimuslimische Stimmung enorm angeheizt.

Schon bevor mit dieser Vorlage der Kampf der Kulturen die Stammtische der schweizerischen Nation erobert hatte, wurde in Bethlehem, einem Quartier im Westen Berns, eine andere Vision für den Umgang mit Gebetsräumen in einer pluralistischen Gesellschaft entwickelt: das »Haus der Religionen« (www.haus-der-religionen.ch). Die Zeitschrift »GEO« hat dem inzwischen auf internationale Beachtung stoßenden Vorhaben einen längeren Artikel gewidmet (GEO-Magazin Mai 2005, Ausgabe Schweiz). Konkret geht es um die Errichtung eines Gebäudes, in dem Muslime, Buddhisten, Hindus, Juden, Christen sowie andere Religionsgemeinschaften in je eigenen Gebetsräumen nebeneinander ihren religiösen Verpflichtungen nachkommen können und in gemeinsam nutzbaren Konferenzräumen den interkulturellen Dialog pflegen. Die Nutzungsvereinbarungen mit den interessierten Religionsgemeinschaften sind unter Dach und Fach, und die Stadt Bern hat den künftigen Nutzern provisorisch riesige Hallen zur Verfügung gestellt, in denen sie das Zusammenleben einüben dürfen.

Schlussbetrachtung: Religion und Öffentlichkeit

Diskussionen über Religionsunterricht in der Schule und eine angemessene räumliche Ausstattung für die Religionsausübung in Deutschland und der Schweiz machen deutlich, dass die Religion auch in modernen Demokratien im Begriff ist, einen wichtigen Platz in der Öffentlichkeit zurückzuerobern. Damit wird mindestens in der Praxis, wenn nicht in der Theorie, die Säkularisierungsthese widerlegt, dass Glaubensüberzeugungen ihren Einfluss auf die Menschen verlieren werden. Mit dieser Entwicklung sind Befürchtungen, aber auch Hoffnungen verbunden. So werden Stimmen laut, dass fundamentalistische Strömungen die säkularen Gesellschaften des Westens zersetzen könnten.

In diesem Beitrag habe ich aufzuzeigen versucht, dass religiöse Gruppierungen besonders in Einwanderungsgesellschaften ein wichtiges Integrationspotenzial entfalten und sowohl im praktischen wie im inhaltlichen Sinn zur Bürgererziehung beitragen können. Erstens gewährleisten – was die politische Praxis anbetrifft – Glaubensgemeinschaften jene Verknüpfung zwischen ziviler und politischer Gesellschaft, die für eine Beteiligung aller Bewohner an einer demokratischen Auseinandersetzung unabdingbar ist. Zweitens – und in mehr inhaltlicher Sicht – hat sich nicht zuletzt in der Bundesrepublik eine Art öffentliche Theologie herausgebildet, die aus christlicher Optik Vorstellungen über soziale Gerechtigkeit thematisiert und Einfluss auf die für den Gesellschaftsvertrag besonders wichtige Sozialpolitik genommen hat. Von besonderer Bedeutung in diesem Zusammenhang ist das Wirken des Jesuitenpaters Oswald von Nell-Breuning. Neuerdings hat der in dieser Tradition stehende CDU-Politiker Norbert Blüm mit der Publikation seines Buches »Gerechtigkeit. Eine Kritik des Homo oeconomicus« für diese Art vom Glauben inspirierter Argumentation einen wichtigen Tatbeweis geliefert (Blüm 2007).

Es ist jedoch fraglich, ob die positive Erfahrung der deutschen Politik mit einer christlich inspirierten Soziallehre ohne Weiteres auch auf den Islam als wichtiger Einwanderungsreligion angewendet werden kann. Papst Benedikt XVI. jedenfalls hat in seinem bekannten Regensburger Vortrag Zweifel daran geäußert. Er wirft dem Islam vor, Religion und Vernunft auseinanderzureißen und den vermeintlich rechten Glauben mit dem Schwert zu verbreiten. Die Konflikte in der globalisierten Welt würden die Christenheit (ein Begriff, der nach der Auffassung des Papstes allerdings nur die Ostkirche und Westkirche, nicht aber auch den Protestantismus einschließt) zwingen, zusammenzurücken, um der richtigen Vorstellung des Verhältnisses von Glaube und Vernunft zum Durchbruch zu verhelfen. Das ist nur eine – allerdings prominente – Stimme, die in Europa oft geäußerte Vorurteile gegenüber dem Islam zum Ausdruck bringt. Diese Vorurteile überwinden zu helfen ist das Ziel, das sich der schweizerisch-ägyptische Philosoph Tariq Ramadan in unzähligen Publikationen und vor allem in seinem 2004 publizierten Werk »Western Muslims and the Future of Islam« gesetzt hat (Ramadan 2004). Er beruft sich dabei vor allem auf muslimische Philosophen, die bereits im ausgehenden 19. Jahrhundert mit einer vernunftgeleiteten Interpretation heiliger Texte des Islam den Widerspruch zwischen Glaubenstradition und wissenschaftlicher Argumentation zu überwinden versucht haben.

Angesichts einer in Europa weit verbreiteten Abneigung gegenüber Religion im Allgemeinen und dem Islam im Besonderen ist es wichtig, dass solche Stimmen auch zur Kenntnis genommen werden. Das säkulare Gemeinwesen muss aber darauf bestehen, dass die Verträglichkeit des Glaubens mit der Vernunft *allen* religiösen Bekenntnissen, auch dem Islam, zugemutet wird. Es ist daher angezeigt, dass angesichts der Bedrohung durch Fundamentalismen für die Mitwirkung der großen monotheistischen Religionen in öffentlichen Debatten pluralistischer Gesellschaften eine Art hermeneutischer Verhaltenskodex festgelegt wird. Wie Habermas in seiner Friedenspreisrede 2001 (anlässlich der Entgegennahmen des Friedenspreises des Deutschen Buchhandels) ausgeführt hat, erfordert das eine dreifache Reflexion der Gläubigen auf ihre Stellung in einer pluralistischen Gesellschaft (Habermas 2001, 252): Das religiöse Bewusstsein gläubiger Menschen muss erstens die »kognitiv dissonante« Begegnung mit anderen Konfessionen und Religionen verarbeiten; es muss sich zweitens mit der Autorität von Wissenschaft und ihrem Monopol an Weltwissen abfinden;[19] schließlich muss es sich auf die in einer profanen Moral begründeten Prämissen des modernen Verfassungsstaates einlassen.

Ohne ein solch kritisches Selbstbewusstsein gläubiger Menschen – meint Habermas – entfalten Monotheismen in säkularen Gesellschaften ein destruktives Potenzial. Dort aber, wo sich Glaubensüberzeugungen an diesen Normen der Modernität orientieren, geht von ihnen ein oft unausgeschöpftes Integrationspotenzial aus. Das setzt voraus, dass gläubige, andersgläubige und nichtgläubige Bürger/Bürgerinnen gleichermaßen bestrebt sind, aufeinander zuzugehen und sich einem gegenseitigen Lernprozess zu unterziehen. Nur so kommt es innerhalb der Zivilgesellschaft zum friedlichen Ausgleich zwischen den nicht zuletzt im europäischen Kontext so wichtigen handlungsleitenden Prinzipien von Glaube und Vernunft.

3. Spiritualität als Hoffnung

»Ich denke oft an meine eigene Erfahrung, die ich mit meiner Mutter gemacht habe. Sie war nicht besonders gebildet und lebte auf dem Land als Bäuerin, aber sie war außerordentlich warmherzig. Wenn sie zum Beispiel einen Bettler sah, so gab sie fast alles weg, was sie in der Küche fand. Ich habe sie eigentlich niemals wütend gesehen, und ich bin davon überzeugt, dass ich vieles von meinem geistigen Potenzial in meinem Leben durch diese Zuneigung, die Nähe und Liebe meiner Mutter ausbilden konnte. Abgesehen von der Erziehung und Ausbildung, die ich erhalten habe, die natürlich auch mit dazu beigetragen haben, war diese Erfahrung mit meiner Mutter der wohl wichtigste Faktor für meine gesunde geistige Entwicklung. Und deshalb bitte ich die Menschen auch immer wieder, ihren Kindern die maximale Zuneigung zu geben. Ob sie selbst später in ihrem Leben in der Lage sind, Zuneigung zu empfinden und zu geben, hängt entscheidend davon ab, ob sie selbst diese Zuneigung erfahren haben. Und wenn wir schließlich anderen mit Mitgefühl begegnen und uns um sie sorgen, dann ist das etwas, das wir aus dem schöpfen, was wir selbst erfahren haben und freiwillig tun: Wir beschäftigen uns mit den Schwierigkeiten der anderen aus eigenem Antrieb. Das bedeutet, dass diese Sorge und das Mitgefühl unser Selbstvertrauen stärkt, und je stärker es ist, umso mehr nehmen Ängste, Unsicherheit in uns ab. Wenn wir dagegen nur an uns selbst denken, dann empfinden wir auch oft Ängste, leiden unter einem mangelhaften Selbstvertrauen und geraten leichter in Aufregung und werden leichter aggressiv. Ein Mensch ohne Selbstvertrauen erlebt viele Ängste und Stress, und aus der Angst heraus entsteht auch viel Aggression. Ein Wissenschaftler hat uns bei einer Konferenz in New York Daten präsentiert und gezeigt, dass Menschen, die ständig die Worte »Ich«, »mein«, »mir«

im Munde führen, sehr viel eher der Gefahr von Herzkrankheiten ausgesetzt sind. Ich habe mir darüber Gedanken gemacht. Meine Erklärung ist, dass ein Mensch, der sehr auf sich bezogen ist und seinen Fokus auf diese eine Person richtet, eine eingeschränkte Sicht hat, so dass alle kleinen Probleme in der subjektiven Empfindung ein riesiges Ausmaß annehmen und als sehr bedrückend erlebt werden. Ein Mensch hingegen mit mehr Mitgefühl weitet freiwillig seine Perspektive aus auf die Bedürfnisse und Sorgen der anderen, und in der Erweiterung der Perspektive erscheinen die vielen kleinen Sorgen und Probleme sehr viel unbedeutender und sind nicht so erdrückend. Aus diesem Perspektivwechsel können wir also mehr positive Eigenschaften entwickeln. Das heißt, dass diese inneren Werte wie Liebe, Mitgefühl, Vergebung, Respekt geradezu ein notwendiger Teil unserer menschlichen Natur und sogar für unser Überleben notwendig sind.«

Dalai Lama

Zivilisation – eine Krankheit, die durch Erziehung geheilt werden könnte

Claudio Naranjo

Zunächst möchte ich mich dazu äußern, wie ich unsere kollektive Situation wahrnehme. Wenn meine Behauptung stimmt, dass nur durch Erziehung unsere Situation verändert werden kann, dann ist dies nur möglich, wenn die angewendeten Mittel auch zu den Problemen passen. Wie die Entdeckung der Bakterien als Ursache für Infektionen die Möglichkeiten der Medizin erweitert hat, so wird auch im Bereich der psycho-sozialen Pathologie vieles von einer stimmigen Diagnose der Situation abhängen. Die Aussage, dass unsere jetzige Situation die einer weltweiten Krise ist, ist natürlich nicht neu. Jedoch zu behaupten, die Krise sei ein Stadium einer Krankheit, ist möglicherweise nicht allgemein verständlich. Ebenso sind auch die Interpretationen dieser Krise sehr unterschiedlich. Es wird z. B. gesagt, die Wurzeln unserer vielen Probleme lägen in bestimmten Sicht- und Denkweisen, die in Verbindung mit dem Industriezeitalter aufkamen, so wie der Marxismus zuvor den Ursprung der Probleme im Kapitalismus sah. Ich behaupte jedoch, dass unsere Krise die einer Überalterung von Lebensweisen ist, die viel älter als der Kapitalismus oder das Industriezeitalter sind.

Ich bin überzeugt, dass unser Problem die Zivilisation selbst ist und das Bedrohliche alte Sicht-, Handlungs- und Seinsweisen sind. Wir müssen verstehen, dass die Zivilisation nicht einfach zu Beginn der Geschichtsschreibung durch einen weiteren Entwicklungsschritt unserer intellektuellen und technologischen Fähigkeiten aufkam, sondern vielmehr durch die Einführung des Patriarchats entstanden ist. Man könnte Zivilisation sogar als ein Synonym für Patriarchat bezeichnen.

Der Begriff Patriarchat wird verwendet, seit Bachofen entdeckte, dass frühe Völker sich hinsichtlich gewisser rechtlicher Vorstellungen von der jetzigen Zivilisation unterscheiden. Er führte die beiden kontrastierenden Begriffe Vater-Recht bzw. Mutter-Recht ein. Der Begriff des Matriarchats, Synonym für Mutter-Recht, ist neuerdings durch »Matrismus« ersetzt worden. Die Charakterisierung bestimmter Kulturen als matristische Kulturen meint dabei jedoch nicht weibliche Führung, sondern das Dominieren weiblicher Werte.

Im Patriarchat haben sich zwei Bereiche männlicher Dominanz entwickelt: zum einen das Bestimmen des Mannes über Frau und Kind in der Familie, zum anderen die Herrschaft des Mannes in Politik und Gesellschaft. Wahrscheinlich waren beide Bereiche von Anfang an miteinander verbunden. Die Institution des »pater familias« hat dem Mann Besitzrechte über Frau und Kind zugesichert, gleichsam eine Voraussetzung für das politische Patriarchat. Die sozio-politische Komplizenschaft unter Männern hat ihnen wiederum den sozialen Rückhalt gegeben, um die Familie zu dominieren.

Heute wissen wir, dass das Patriarchat die Folge einer großen Krise in den matristischen Agrargemeinschaften des späten Neolithikums war – eine Krise, die durch die Versteppung der Erde nach dem Schmelzen der Gletscher bedingt wurde. Der über mehrere Jahrhunderte andauernde Prozess einer schrittweisen Verarmung der Landwirtschaft hatte die sesshaft gewordenen Menschen der Sahara, des Mittleren Ostens und der russischen Steppen dazu getrieben, wieder zu Nomaden zu werden. In dem Versuch, ihre um die großen Flüsse herum auf fruchtbaren Böden siedelnden erfolgreicheren Zeitgenossen zu vernichten, um selbst zu überleben, wurden sie gewalttätig, unsensibel und ausbeuterisch. Es geschah also das, was üblicherweise mit Darwins Aussage »das Überleben des Bestangepassten« (»survival of the fittest«) gemeint ist.

Die Vorstellung eines unheilvollen Ursprungs unserer »gefallenen« oder sich im Niedergang befindlichen Situation wird in Legenden, Mythen und esoterischen Traditionen beschrieben. Ein Beispiel dafür ist die Geschichte der Insulaner, die Idries Shah in seinem Buch der Sufis beschreibt. Sie berichtet von der Verarmung des menschlichen Geistes und erinnert damit an den Fall der Menschheit in der Schöpfungsgeschichte. Es ist meines Erachtens von großer Bedeutung, dass Existenz und Art derartiger unheilvoller Ereignisse in letzter Zeit von Wissenschaftlern wahrgenommen werden. Denn diese scheinbar unsichtbaren, aber immensen und erschütternden Ereignisse laden uns ein, unsere Aufmerksamkeit der sich vollziehenden Erderwärmung zuzuwenden. Unabhängig davon, ob wir dieses Gefallensein oder diese Verarmung eine Krankheit nennen, schlage ich vor, darin in jedem Fall einen inneren oder psychologischen Aspekt des Patriarchats zu sehen.

Der patriarchale Geist

Einer soziologischen Interpretation der Zivilisation als einem Ungleichgewicht zwischen Vater, Mutter und Kind in Familie und Gesellschaft und der Aufrechterhaltung der männlichen Dominanz im Lauf der Geschichte entspricht als psychologisches Gegenstück die Aufrechterhaltung bestimmter Sicht-, Fühl- und Handlungsweisen. Ich bezeichne sie als den »patriarchalen Geist«, der die Dominanz des innerpsychischen Vaterprinzips über andere Persönlichkeitsanteile mit sich bringt. Obwohl Zärtlichkeit und Aggression sowohl weibliche als auch männliche Aspekte unseres Geistes sind und somit ausgewogen sein sollten, sind die Menschen in der patriarchalen Welt übermäßig aggressiv und wenig liebevoll. Ebenso ist Konkurrenz im Vergleich zu Kooperation übermäßig ausgeprägt, und Ausbeutung überwiegt über Kultivierung. Man könnte sagen: Obwohl Warmherzigkeit, Kooperation und Fürsorge zu unserer inneren Natur gehören, werden sie durch die Vorherrschaft des »inneren Vaters« überschattet. Es besteht jedoch nicht nur ein Ungleichgewicht zwischen männlichen und weiblichen Qualitäten. So wie im sozialen Bereich der Vater die Vorherrschaft über Frau und Kind übernommen hat, so hat auf der intrapsychischen Ebene der innere Vater sowohl das sorgende Prinzip der inneren Mutter als auch die organismische Weisheit und Freiheit des inneren Kindes überwältigt.

Obwohl es wie ein plötzlicher Gedankensprung erscheinen mag, eine »innere Familie« aus Vater, Mutter und Kind zu postulieren, so führe ich hier nur einen neuen Sprachgebrauch für bekanntes Wissen ein. Aus Evolutionsstudien ist bekannt, dass wir Wesen mit drei Gehirnen sind: Ausgestattet mit einem instinktiven oder Reptiliengehirn, einem von den Säugetieren abstammendem Beziehungs- oder affektivem Gehirn und einem vorwiegend intellektuellem Gehirn, das uns Menschen eigen ist, uns von den Tieren unterscheidet und uns zum Homo sapiens macht. Diese drei Gehirne stehen in enger Verbindung zu den drei Fähigkeiten des Denkens, Fühlens und Handelns, die die Psychologie seit Brentano im menschlichen Geist voneinander unterscheidet. Nur von Fähigkeiten zu sprechen erscheint mir als verkürzt, um den phänomenologischen Ausdruck unserer drei Gehirne in unserer gelebten Erfahrung zu beschreiben. Vielmehr erscheinen sie mir als gegensätzliche Aspekte von drei manchmal miteinander in Konflikt stehenden »inneren Personen«. Darunter verstehe ich, dass der innere Vater zum Despoten über das instinktive Selbst geworden ist und seine Priorität der mütterlichen Empathie vorangestellt hat. Darin stimme ich überein mit Freuds Definition der Neurose als einem Ergebnis der Repression von Genuss- und Abhängigkeitsbedürfnissen durch eine internalisierte Autorität (dem »Über-Ich«). Freud schlug vor, dass das Ziel von Heilung sowohl die Bewusstmachung des Unterdrückten als auch die Wiederherstellung der Liebesfähigkeit sein sollte.

Obwohl Zivilisation einen Zustand beschreibt, in dem die Vernunft Gefühle und Instinkt dominiert, ist es für mich immer schon von Bedeutung gewesen, dieses Ungleichgewicht ebenso in den drei Arten der Liebe – verbunden mit unseren Gehirnen und den inneren Personen – zu verstehen: Eros, Agape und Philia. Bewunderung, einhergehend mit Autoritätshörigkeit, verdeckt mitfühlende Liebe und Genuss im zivilisierten Leben. Dies geschieht durch Entwertung und subtile Kriminalisierung von Genuss und Freude.

Die versteckte Tragödie institutionalisierter Fehlerziehung und die große Hoffnung auf ein transformiertes Erziehungssystem

Da der Kern der Probleme dieser Welt im Bewusstsein liegt, und da Religionen und Therapien nur Minderheiten retten können – nämlich diejenigen, die bessere Ausgangsbedingungen oder mehr Glück haben –, bin ich überzeugt davon, dass nur Erziehung den katastrophalen Lauf unserer heutigen Zeit umkehren kann. Zum einen, weil sie alle erreicht, und zum anderen, weil Prävention eher möglich ist als die Heilung oder das Wecken des Bewusstseins einer erwachsenen Bevölkerung.

Die Hoffnung, die wir hinsichtlich der Erziehung hegen, kann jedoch durch das heutige Erziehungssystem nicht erfüllt werden, denn es stellt eher einen Teil des Problems als eine Lösung dar. Es ist allgemein bekannt, dass das Erziehungssystem in einer Krise steckt. Klar ausgedrückt: Schüler weisen zurück, was ihnen angeboten wird. Ich erachte es für gut, dass sie sich der Irrelevanz dessen bewusst sind, was ihnen unter dem Namen Erziehung geboten wird. Möglicherweise sind sie damit weiter als manche derjenigen, die die Erziehungspolitik bestimmen. Auch die Lehrer leiden unter der Irrelevanz dessen, was sie tun; unabhängig davon, ob sie verstehen, warum sie leiden. Sie verdienen ihr tägliches Brot, indem sie tun, was ihnen gesagt wird. Sie wiederholen somit ständig das Alte und lehren andere, es ebenfalls zu tun. Da

Menschen aber nur schwerlich mit der »Papageien-Rolle des Wiederholens« zufrieden sein können, werden sie depressiv, erleben Burn-outs, oder sie bekommen psychosomatische Erkrankungen. Obwohl es offensichtlich ist, dass das Erziehungssystem nichts anderes tut als Informationen zu übermitteln, die Schülern und Studenten erlaubt, Prüfungen zu bestehen, sind sie möglicherweise nicht in der Lage zu erkennen, dass das System ein Betrug ist. Sie sind sogar möglicherweise zu verwirrt, um wahrzunehmen, dass das, was Erziehung genannt wird, eigentlich eine Invasion in den Geist von Kindern und eine despotische Begrenzung ihrer Freiheit ist. Sie können deren gewalttätige Reaktionen nicht verstehen und sind sich der Gewalt des Systems, dem sie dienen, nicht bewusst.

Wir erziehen unsere nächste Generation mit dem Ziel, genau so zu sein wie wir. Als ob wir zufrieden wären mit uns selbst. Da aber unser Sein und unser Beziehungsleben zu unseren großen kollektiven Probleme gehören, wäre es klüger, gerade *nicht* zu wollen, dass die uns nachfolgende Generation so wird wie wir. Unsere Erziehung sozialisiert Kinder zu Verkörperungen und Trägern patriarchalen Geistes. Wir brauchen dagegen eine Erziehung zu Evolution und Ganzheit. Mit anderen Worten: eine Erziehung, die nicht nur auf die Fähigkeit zur Vernunft abzielt, sondern auch auf unsere Fähigkeit zur Liebe und zur Bereitschaft, wir selbst zu sein. Wir brauchen also eine Erziehung, die nicht nur auf Gehorsam und Intelligenz abzielt, sondern die sich sowohl um unser inneres Kind kümmert und seinen Wunsch, glücklich zu sein, als auch um unsere innere Mutter mit ihrem mitmenschlichen Potenzial. Wenn wir wollen, dass Erziehung für persönliches Wachstum Bedeutung erlangt, dann muss sie uns zu Wissen über unsere Innenwelt und nicht ausschließlich zu Wissen über die äußere Welt führen. Ich möchte die Diskussion über die Transformation der Erziehung mit dem Hinweis abschließen, dass mit einer tiefgehenden Reform des Erziehungswesens in weiten Teilen der

Welt die Hoffnung besteht auf eine klügere und wohlwollendere nachkommende Generation und die damit verbundene Heilung patriarchaler Gesellschaftsstrukturen.

Lehrer zu Suchenden machen

Nun werde ich mich damit befassen, wie man Lehrer motivieren kann, zu Suchenden zu werden. Da in uns allen (mehr oder weniger bewusst) ein Hunger nach Metaphysischem, nach Sein, nach der Erfüllung unserer Potenziale vorhanden ist, sind wir alle in einem gewissen Sinne Suchende. Dennoch fehlt die Anerkennung dieses universellen menschlichen Bedürfnisses in der Gesellschaft.

Als ich heranwuchs, hat mich die christliche Kirche nicht besonders angezogen. Denn was ich »den Wunsch, Gott zu kennen« nennen würde (und im Rückblick auch so erfahren habe), war nicht das, was es dort zu finden gab. Ich hatte eine leichte Abneigung gegenüber den Angeboten der Stellvertreter Gottes entwickelt, und mir wurde klar, dass ich etwas ganz anderes suchte. So begann ich meine Suche im Bereich der Psychotherapie. Mein Psychoanalytiker war jedoch der Meinung (wie die meisten Psychoanalytiker jener Zeit), dass der Wunsch nach etwas anderem als den offensichtlichen Dingen des Lebens als Symptom zu werten sei. Suchende werden generell in ihrer Suche entmutigt. Ich glaube, dass meine Suche die Abwertungen nur überlebte, weil die Intensität meiner Berufung stark war und die Psychoanalyse mir die Erfüllung nicht ermöglichte, die ich suchte. Im Zusammenhang mit meinen Gedanken über Veränderungen in der Erziehung möchte ich zunächst darauf hinweisen, dass ich es nicht nur als kriminell bewerte, wie das Erziehungswesen die natürliche Lernbegierde von Kindern abtötet, sondern auch, dass es in meinen Augen ein Verbrechen ist, eine Atmosphäre zu schaffen, die den natürlichen Wunsch des Geistes in die Tiefe und in die Höhe zu wachsen ignoriert und somit jegliches spirituelle Potenzial erstickt.

Erziehung ist ausschließlich zur Instruktion geworden, zu einer Übermittlung von Information. Wenn wir mehr wollen als das, dann müssen wir unseren Schwerpunkt von Information hin zu Verstehen verlagern und das rein rationale Paradigma transzendieren. Dies würde bedeuten, eine »Erziehung des Herzens« mit aufzunehmen, die ausschließliche Betonung des Wissens über die äußere Welt durch Selbsterkenntnis zu ergänzen und sich um das natürliche Streben nach Glück, Freiheit und Authentizität zu kümmern. Damit würde man Menschen dazu erziehen zu entdecken, wer sie wirklich sind, nämlich nicht nur sich selbst manipulierende Puppen auf der Bühne des sozialen Lebens. Wie wir wissen, ist Veränderung des Erziehungswesens nicht ausschließlich durch Ideen zu erreichen. Nicht einmal das beste Reformcurriculum könnte dies erreichen, denn so, wie das Leben nur aus Leben entstehen kann, strömt Bewusstsein von Mensch zu Mensch. Das Wichtigste, was wir tun können, um das Erziehungswesen zu verändern, ist, zur Entwicklung der Lehrer beizutragen. Mit »Entwicklung« meine ich jedoch etwas anderes als das, was in unserer technologischen Kultur manchmal damit verbunden wird: nicht professionelle Entwicklung, sondern etwas, was mit Heilung zu tun hat und mit der Verbindung zum Kern des Lebens. Beide Aspekte sind natürlich derzeit Tabus im Erziehungswesen. Nichtsdestoweniger bin ich überzeugt davon, dass wir eine Art »Übertragung der Technologien« aus dem psychotherapeutischen und spirituellen Bereich in die Welt der Erziehung brauchen. Dabei müssen wir nicht die Sprache der Psychotherapie oder der Spiritualität in die Erziehung übernehmen, sondern vielmehr das Verständnis, das auf die gelebte Erfahrung solcher Dinge folgt. Manchmal wird erkannt, dass Lehrer auszubilden das Wichtigste ist, und dies wird dann meist »training trainers« genannt. Das ist ein furchtbares Konzept, denn es berücksichtigt nicht die wirklich dringenden Aspekte für die menschliche Entwicklung von Lehrern. Weder eine Vision noch ein politischer Wille wird ausreichen, um das Erziehungssystem am wichtigsten Punkt zu verändern: von einer patriarchalen Erziehung zu einer Erziehung zur Ganzheit. Für ein derartiges Ideal ist bereits die UNESCO eingetreten, doch dies hatte kaum Auswirkungen auf das, was in den Unterrichtsräumen geschieht. Statt curricularen Reformen und Ideen wird es zur Transformation des Erziehungswesens notwendig sein, einer bedeutenden Menge an Lehrern Transformation, Heilung und psycho-spirituelle Entwicklung zu ermöglichen. Dies setzt natürlich eine Bereitschaft der Erziehungsbürokratie voraus, Tabus gegenüber therapeutischen und spirituellen Dimensionen der Erziehung aufzugeben. Darüber hinaus wird es extrem wichtig sein, effiziente Methoden zu haben, Lehrer zu erfahrungsbezogener Erziehung hinzuführen, die sinnhafte Selbsterkenntnis, effektive Verbesserung von Beziehungen und eine Einführung in eine spirituelle Kultur beinhalten. Da ich für mich in Anspruch nehme, eine neuartige Methode entwickelt zu haben, die gezeigt hat, dass sie diese Ziele in kurzer Zeit erreicht, möchte ich nun zu meiner eigenen Arbeit mit Gruppen und speziell Lehrergruppen kommen.

Selbst wenn die Autoritäten überzeugt werden könnten, dass die therapeutische Dimension in den Erziehungsprozess Eingang finden muss und das Tabu der Bürokraten gegenüber allem, was nach Spiritualität »riecht«, gebrochen werden könnte, bliebe immer noch die Kostenfrage. Wie teuer käme es, in die Ausbildung von Lehrern das einzuführen, was die akademische Welt bisher nicht zur Verfügung gestellt hat? Die Italiener sind dieser Idee gegenüber offen und interessiert daran, dass Lehrer Gestalttherapie erfahren. Ich bin von der Gestalttherapie begeistert, und Fritz Perls war für mich persönlich eine wichtige Person. Wenn jedoch das Wecken des Bewusstseins der Lehrer den Gestalttherapeuten allein anvertraut würde, könnte das zu einer unendlichen Geschichte und könnten Lehrer zu mittelmäßigen Therapeuten statt zu besseren Lehrern werden. Dies bedeutet: Gestalttherapie ist ein wichtiger, jedoch nicht der einzige Bestandteil. Wir brauchen eine effiziente und knappe Methode, die Menschen in einem definierten und vorhersehbaren Zeitraum auf eine andere Stufe ihrer Entwicklung bringt.

Ich behaupte, diese Methode existiert. Ich bin ein wenig befangen zu sagen, dass ich sie entwickelt habe. In unserem Zeitalter von Wirtschaft und Werbung fällt es schwer zu glauben, dass so etwas zu sagen nicht nur eine Verkaufsstrategie ist. Ich hatte nie vor, eine Methode zu entwickeln – ich bin einfach auf sie gestoßen. Ich habe oft berichtet, dass ich mich während einer bestimmten Zeit meines Leben wie ein Bauer fühlte, der, während er sein Land pflügt, ein Juwel unter einem Stein findet. Konkret heißt das: Ich tat meine Arbeit bereits seit geraumer Zeit, und natürlich hatte sie sich weiterentwickelt. Anfangs half ich ausschließlich Einzelpersonen zu wachsen; später wandte ich meine Methode im Rahmen der Ausbildung von Psychotherapeuten an, und erst in den letzten Jahren habe ich ihre Relevanz für das Erziehungswesen entdeckt.

Wenn ich von »meiner Arbeit« spreche, meine ich etwas, was 1971 nach einer spirituellen Erfahrung begann, die aus der Begegnung mit einem spirituellen Lehrer erwuchs, der selbst niemals sehr bekannt wurde. Ich gehörte damals zu einer Gruppe, die sich um die Arbeit nach Gurdjieff bemühte. Wir warteten auf eine Gelegenheit, mit der mysteriösen Schule, die Gurdjieff als die Quelle seines Wissens und seiner Weisheit bezeichnete, in Kontakt zu kommen. Es war eine Schule, die er als ein esoterisches Christentum bezeichnete, gekennzeichnet durch das Vermächtnis einer Lehre, repräsentiert durch eine geometrische Figur: das Enneagramm. Als Gurdjieff zum ersten Mal schrieb, verfasste er ein Werk mit dem Titel »Herald of coming good«. Er sah sich selbst als einen Vorläufer für etwas, mit dem die westliche Welt einmal Kontakt haben würde. Inzwischen war er seit mehreren Jahrzehnten tot, und wir warteten immer noch. Als ich hörte, dass es jemanden gab, der diese Tradition zu vertreten behauptete, bemühte ich mich um ein Treffen mit ihm in Chile, meinem Geburtsland. Um es kurz zu machen: Dieser Mensch – Ichazo – erkannte mich als die wichtigste Zielperson seiner Mission und versprach mir, mein spirituelles Verlangen in nur 40 Tagen erfüllen zu können. Er werde mich dazu mit einigen Instruktionen in die Wüste schicken und dann, so unglaublich dies klingen mag, sei ich erleuchtet. Ich fragte ihn, ob irgendjemand dies garantieren könne. Er antwortete: »Manche Leute können das manchmal.«

Nicht nur mochte ich ihn nicht, ich vertraute ihm auch nicht. Dennoch ging ich in dieses »Retreat«. Nach 40 Tagen hatte ich eine andere Ebene des Seins erlangt, hatte Zugang zu kontemplativen Erfahrungen, fühlte mich geleitet und spürte, dass ich anderen viel zu geben hatte. Am Ende meines Retreats in der Wüste besuchte mich Ichazo und sagte mir voraus, dass ich lehren würde. Er warnte mich: Was ich gefunden habe, sei nur geborgt, und ich würde es später wieder verlieren, um es dann aus eigenen Kräften wieder zu erlangen. Und so war es auch. Einige Monate danach begann ich zu lehren. Die Arbeit, die ich mit einer kleinen Gruppe Menschen entwickelte, der auch meine Mutter angehörte (ihr Interesse, in meine Fußstapfen zu treten, gab den Impuls zur Entstehung dieser Gruppe), zog in den 70er-Jahren viele Menschen in Kalifornien an. Es war für mich wie ein Frühlingsausbruch mit kräftigem Erblühen, gefolgt von einem Sommer, der Herbstzeit und einem inneren Winter. Ich erfuhr, was in der Sufitradition damit gemeint ist, dass einem Zustand der Expansion ein Zusammenziehen folgt. Ich hatte das Gefühl, auf dem Berg Sinai meines Lebens gewesen zu sein und nun eine lange Reise in die Wüste anzutreten.

Während der Jahre »in der Wüste« erlebte ich einen Zustand innerer Verarmung, fühlte mich fast wie ein Narr und hatte Angst, ich würde den verlorenen spirituellen Schatz niemals wiederfinden. Bevor jedoch meine Zeit im Himmel zu Ende war, lehrte ich eine Gruppe von etwa 90 Menschen in Berkeley. Ich wusste nie, was ich als Nächstes sagen oder tun würde, denn alles war improvisiert. Etwa zehn Jahre später fühlte ich, wie ich von einer langen Wallfahrt in die Welt zurückkehrte. Ich wurde nach Spanien eingeladen, um ein einmonatiges Programm für Therapeuten zu leiten, und entschied zu diesem Zeitpunkt, meine Improvisation als ein Kursprogramm anzubieten. Ich hatte bereits ein gemeinnütziges Ausbildungsinstitut gegründet, welches ich »SAT« genannt hatte. Dies stand für »Seekers after Truth« (die Wahrheitssuchenden) sowie für »sat«, den Sanskrit-Begriff sowohl für »Wahrheit« als auch für »Sein«. Ferner galt es mir als ein phonetisches Symbol für eine dreigeteilte Sichtweise des Geistes, die meine Aktivität inspiriert hatte. So entschied ich mich, den Sommerkurs, der über drei Jahre lief, »SAT-Programm für persönliche und berufliche Entwicklung« zu nennen. Inzwischen ist das Programm in vielen Ländern bekannt und ist eine Zusammenführung dessen, was ich von Ichazo und Gurdjieff sowie vom Buddhismus und der Psychotherapie gelernt habe. Ich bezeichne dieses Programm als einen holistischen Ansatz, der physische, emotionale, intellektuelle und spirituelle Komponenten beinhaltet. In letzter Zeit ziehe ich es jedoch vor, das Programm als eine »Schule für die Liebe und das Sich-selbst-Gewahrsein« zu beschreiben. Die Liebe besteht dabei aus drei unterschiedlichen Aspekten. Wie im Bild einer doppelten Pyramide wird psychologische Erkenntnis von einem tieferen Gewahrsein des Geistes jenseits mentaler Phänomene unterschieden.

In der doppelten Pyramide repräsentieren die drei Ecken des unteren Dreiecks, welches die obere Pyramide und ihr Spiegelbild gemeinsam haben, das Denken, Fühlen und Handeln (sowie Vater, Mutter und Kind). Sie sind verbunden mit wertschätzender Liebe, empathischer (mitfühlender) Liebe und Eros (instinktiver) Liebe. Eine der zentralen Ideen, die meine Arbeit inspiriert haben, ist die Feststellung, dass Glück vom Grad der Harmonie zwischen den drei Arten der Liebe abhängt (das entspricht dem, was Gurdjieff die »Erziehung dreigliedriger Wesen« nannte). Der harmonisierende Faktor zwischen diesen Arten der Liebe, den »Gehirnen« und inneren Persönlichkeitsanteilen ist das Gewahrsein. Dies ist in der doppelten Pyramide durch die innere Achse der Pyramide repräsentiert, die die Spitze (die Weisheit repräsentierend) mit dem unteren Teil (psychologische Erkenntnis repräsentierend) verbindet.

Ich habe in diesem Zusammenhang den Ausdruck »drei-fokale Erziehung« im Gegensatz zu patriarchaler Erziehung geprägt, eine Erziehung, die sich nicht nur um den rationalen inneren Vater kümmert, sondern auch um die innere Mutter und die Freiheit des inneren Kindes. Ich glaube, dass dies für ein Gleichgewicht zwischen den drei Qualitäten der Liebe wichtig ist. In der Regel herrscht beim Menschen ein Ungleichgewicht vor: Die Kultur des patriarchalen Geistes ist gekennzeichnet durch die Unterdrückung von Eros, die Unterordnung von Mütterlichkeit und Empathie unter Respekt, Bewunderung und die Vorliebe für Ideale, die sich vor allem in der Beziehung zum Vater entwickeln Im Laufe der Zeit wurde mir bewusst, dass das wichtigste Gegenmittel, dass wir gegen die Hegemonie eines unserer Gehirne oder Zentren über die restlichen benötigen (d. h. Heilung für unsere dysfunktionale »innere Familie«, in der das ein oder andere Sub-Selbst vernachlässigt wird), ein vierter Faktor ist: So etwas wie pure Neutralität oder nicht-anhaftendes Gewahrsein. Wenn dieses Gewahrsein das Dunkel unseres unbewussten Lebens (welches unsere Krankheit ist sowie der Bereich der Verzerrungen der Liebe und Falschheiten; im Modell des Geistes repräsentiert als die umgekehrte Pyramide und den Weg, den wir vor uns haben) erleuchtet, findet ein Prozess der Reinigung statt, der ein innerer Tod unserer konditionierten Persönlichkeit und zugleich eine Heilung ist. Wenn der Geist genügend gereinigt wurde und wir nicht mehr von uns selbst absorbiert sind, dann kann Gewahrsein zu echter Weisheit werden. Diese Weisheit ist dann nicht bloßes Wissen, sondern eine Leere, auf deren Hintergrund unsere verschiedenen Aspekte (Gehirne, Persönlichkeitsanteile etc.) zur Ruhe kommen und zu einem Ganzen integriert werden können.

Einhergehend mit der seit Brentano anerkannten Einteilung der Psychologie in die drei Bereiche des Kognitiven, Affektiven und des Handelns kann dieses Gewahrsein als der Geist selbst oder als echtes Bewusstsein bezeichnet werden. Dies wird manchmal auch als das wahre Selbst, als das Sein oder als die Grundlage des Seins beschrieben. Darüber hinaus ist es das Wesen der Meditation, das Bewusstsein selbst erfassen und damit Antwort auf die grundlegende metaphysische Frage geben zu können: »Wer bin ich?« oder »Was bin ich letztlich?«

So, wie ich meine Arbeit hinsichtlich Dimensionen des psycho-spirituellen Lebens beschrieben habe, könnte ich sie anhand ihrer spezifischen Bestandteile vorstellen. Es sind dreizehn an der Zahl, und sie umfassen Disziplinen wie buddhistische Meditation, die Psychologie des Enneagramms, Gestalttherapie, die Heilung der inneren Familie, authentische Bewegung aus der Tanztherapie, therapeutische Theater- und Dramaarbeit usw. Allerdings verstehe ich meine Arbeit weniger als eine Aneinanderreihung verschiedener voneinander getrennter Aktivitäten, sondern vielmehr als ein vieldimensionales Mosaik und ein integratives Curriculum, in dem die verschiedenen Teile miteinander interagieren, so dass die Wirkung des Ganzen größer ist als das, was von der Summe der Einzelteile zu erwarten wäre.

In den späten Achtzigern begann ich, dieses Programm in Europa vorzustellen. Zu dieser Zeit beinhaltete es drei einmonatige Module in einem intensiven Seminarsetting. Jetzt ist daraus, wie bei den Computern, eine Miniaturform mit den gleichen Ergebnissen geworden. Das Programm besteht aus einem fünftägigen Einführungskurs, drei zehntägigen Modulen und einem zusätzlichen Kurs über fünf Tage. Wie ist das möglich? Weil ich sehr gute Mitarbeiter habe und wir alle Jahr für Jahr besser werden. So wie Steine in einem Fluss poliert werden, ist das Curriculum immer weiter perfektioniert worden. Niemand kann bestimmte Dinge erfinden, aber ein natürlicher und organischer Prozess kann sie hervorbringen.

Ich hatte viele Jahre lang das Gefühl, Dinge nicht richtig zu machen. Wenn jemand in einem meiner Vorträge aufstand und den Raum verließ, dachte ich stets: »Was habe ich falsch gemacht?« Was noch wichtiger ist: Es gab in meinem Leben eine lange Phase, in der ich dachte, ich hätte nichts zu geben. Nachdem ich nun seit über fünfzehn Jahren so viel Dankbarkeit von Menschen ernte, die meine Programme besucht haben, fühle ich mich ein bisschen wie der Nikolaus und wurde geheilt von meinem Symptom, ich habe nicht genug zu geben. Als ich vor einigen Jahren zu einer Konferenz über Erziehung im dritten Jahrtausend nach Argentinien eingeladen wurde, hatte ich den Eindruck, dass das, was ich tue, genau das ist, was im Erziehungswesen fehlt. Ein effektiver Ansatz zur erfahrungsbezogenen Ausbildung von Lehrern könnte das fehlende Element sein, dass die Transformation ganzer Länder ermöglicht und damit nicht nur Lehrern dient, sondern der Heilung der Gesellschaft als Ganzer.

Ich wusste nicht genug über Politik Bescheid und dachte in meiner Naivität, es würde ausreichen, den wichtigen Instanzen zu sagen: »Schaut her, was ich hier habe«, und sie würden begeistert sein. Ich habe eine Menge über die riesigen Widerstände gegenüber Veränderung in allen Bürokratien gelernt. Statt meinem Vortrag den Titel »Zivilisation – eine Erkrankung, die durch Erziehung geheilt werden könnte« zu geben, wäre es exakter gewesen zu sagen: »Eine Erkrankung, die Erziehung möglicherweise heilen könnte«. Alles wird davon abhängen, ob wir in der Lage sein werden, die Widerstände zu brechen. Da gibt es Widerstände auf Seiten der Lehrer: Viele Lehrer sind zu enttäuscht, leiden unter Burn-out, sind verletzt oder wollen einfach nicht noch einen weiteren Kurs besuchen müssen, vor allem während ihrer Ferien. Sie haben an zu vielen Kursen teilgenommen, die nicht wirklich nährend für sie waren. Man müsste ihnen einen kostenfreien Eindruck des Programms ermöglichen, damit sie feststellen können, ob es hilfreich für sie ist. Dazu ist jedoch kein Geld da, und die entscheidenden Instanzen haben andere Prioritäten. Auf Seiten der Politik und der Regierungen gibt es ebenfalls Widerstände, die zum Teil mit einem Phänomen zusammenhängen, über das ich vor ein paar Tagen in einer Zeitschrift auf meinem Flug von den USA hierher las. Jemand in der Wirtschaftswelt beschrieb in einem Artikel das »N.I.H.-Syndrom« einiger Unternehmen und meinte damit »not invented here« (nicht hier erfunden). Ich habe das in mehreren Ministerien und auch anderenorts erlebt: Jeder hat ein Lieblingsprojekt, jeder eine bevorzugte Idee und die damit verbundenen Eitelkeiten. Da gibt es außerdem die Überzeugungen: »Wir sind sehr gut – wir sind sehr schlau – wir haben eine Menge gelesen ... was dieser Typ wohl Neues bringt, was dieser Außenseiter schon wissen mag?« »Nicht hier erfunden« ist eine Art subjektiver Geringschätzung dessen, was außerhalb der Grenzen der eigenen Organisation stattfindet.

Regierungen stehen jedoch unter dem Einfluss einer höheren Macht; man könnte sagen, sie sind dem Willen des globalen Imperiums ausgesetzt. Dies ist ein Wirtschaftsimperium ohne Herrscher, aber mit einem Konsortium von Führern, die sich der Priorität des Geldes, des Profits und der Produktion verschrieben haben. Es sieht inzwischen so aus, als ob das Erziehungswesen zunehmend zu einem Geschäft wird, um der Wirtschaft zu dienen. Werte sterben aus als Konsequenz der Tatsache, dass Geld wertvoller zu sein scheint als alles andere. Was kann also getan werden angesichts solcher Widerstände? Ich setze einige Hoffnung in die kritischen Meinungen in der Gesellschaft. Vielleicht kennen Sie das Phänomen der hundert Affen: Es gab eine Insel, auf der einige hundert Affen lernten, ihre Kartoffeln im Ozean zu waschen. Die anderen lernten durch Imitation, dies ebenfalls zu tun, bis alle es konnten. Als dies geschehen war und sich ihre Kultur entsprechend verändert hatte, begannen Affen auf anderen Inseln das Gleiche zu tun! Das ist eine geheimnisvolle Tatsache, und ich habe die Hoffnung, dass, wenn wir genügend Übereinstimmung an der Basis erreicht haben, die Menschen an der Macht von diesem allgemeinen Verständnis berührt werden.

Wann immer ich einen Vortrag halte, habe ich die Hoffnung, dass meine Ideen Menschen erreichen, die an den Schalthebeln der Macht sitzen. Ich würde ihnen gerne den Gedanken übermitteln, dass es ein gutes Geschäft ist, in das Bewusstsein der Menschen zu investieren. Menschen, die viel Geld haben, könnten Projekte zur Veränderung des Erziehungswesens in Gang bringen. Das wäre nicht nur gut für die Welt, wenn sie ihr Bestes geben würden, um unsere Retter zu werden, sondern auch für sie selbst, denn sie würden die Dankbarkeit aller ernten.[20]

Spirituell leben in einer auf kurzfristige Effizienz ausgerichteten Welt

Michael von Brück

Unter Spiritualität verstehe ich den bewussten Umgang des Bewusstseins mit sich selbst. Was bedeutet dann die Themenformulierung? In dieser Frage steckt eine interessante Annahme, nämlich die des Ausgerichtetseins. Insofern wir ausgerichtet sind, also unser Bewusstsein intentional in einer bestimmten Weise prägen und damit die Welt wahrnehmen, haben wir schon eine implizite Spiritualität. Ob die Ausrichtung auf kurzfristige Effizienz heilsam, gut und nützlich ist, soll diskutiert werden. Das Problem impliziert auch die Frage nach der Zeit. Zeiterfahrung ist kein objektiv gegebenes Faktum, sondern abhängig vom jeweiligen Bewusstseinszustand, also von den jeweiligen spirituellen Implikaten.

Zeit erleben wir nicht nur als die messbare Zeit, sondern als qualitativ verschiedene Zeit, je nachdem, wie sie gefüllt ist und wie Inhalte verarbeitet und emotional bewertet werden. Zeiterfahrung ist abhängig vom wahrnehmenden Bewusstsein, und je nach Bewusstseinszustand erscheint die Zeit als lang, gedehnt, kurz oder stillstehend. Wir erleben dies ganz besonders in den veränderten Bewusstseinszuständen, wie sie durch Meditation, Trance, durch Drogen oder andere Einflüsse hervorgerufen werden können. Wir erleben das aber auch, indem wir verschiedenen Rhythmen folgen. Ein Beispiel dafür ist das Erlebnis von Musik. Ein langsamer Satz, in dem fast nichts passiert außer der Abfolge von Klangkaskaden, die in ihren Akkorden die jeweilige Harmonik verändern – wie zum Beispiel das Sanctus in Bachs h-Moll-Messe –, erleben wir anders als die anschließenden Fuge, in der sehr viele Neueinsätze im polyphonen Satz eine Themenfigur variieren. Beide Sätze dauern etwa drei Minuten, werden aber subjektiv als von ganz unterschiedlicher Dauer erlebt.

Der andere Begriff, der hier zur Debatte steht, ist der der Effizienz. Ich gebrauche ihn wie folgt: Effizienz ist auf Kurzfristigkeit angelegt, auf Quantität, während der Gegenbegriff die Effektivität oder Nachhaltigkeit wäre, die längerfristig angelegt und eine Kategorie der Qualität ist. Als Beispiel aus der Alltagskultur sei der Unterschied von Fast-Food und Slow-Food genannt. Beide Bewegungen gibt es seit einigen Jahrzehnten: Fast-Food als die amerikanische McDonalds-Kultur, Slow-Food als eine von den piemontesischen Weingegenden Norditaliens ausgehende Bewegung, die eine ganz bestimmte Spiritualität in der Umwertung, Umdeutung und Umwahrnehmung der ganz alltäglichen Lebensvollzüge des Essens signalisiert. Es geht um Verlangsamung, um Qualität zu gewinnen gegenüber einem bloß quantitativen Anhäufen. Damit sind wir beim Thema des spirituellen Lebens in einer auf kurzfristige Effizienz ausgerichteten Welt. Beide Lebenseinstellungen, Slow-Food oder Fast-Food, signalisieren Spiritualität, wie nämlich Menschen mit ihrem eigenen Bewusstsein umgehen und dadurch ganze Gruppen oder auch die Trends einer Gesellschaft prägen und verändern können. Wir wissen, dass eines der Probleme unseres gegenwärtigen Wirtschaftslebens die Frage ist, wie gerechnet wird: ob kurzfristig, d. h. in Quartalsberichten, oder mittelfristig in Zwei-, Dreijahresplänen, oder langfristig in Zehn- oder Fünfzehnjahresperspektiven. Entsprechend dieser Kategorisierungen erhalten wir unterschiedliche Parameter der Bewertung von Erfolg oder Misserfolg, Effizienz oder Nichteffizienz. Die Bewertung des Erfolges eines Unternehmens hängt wesentlich ab von dem Zeitfenster, das für die Betrachtung gewählt wird. Wird kurzfristig nach Quartalsberichten und dem sich schnell verändernden Aktienkurs gemessen, bewertet und dann auch die Managerleistung entsprechend honoriert, bekommen wir ein völlig anders Bild, als wenn wir in Fünfjahresabständen rechnen. Ein kurzfristig effizientes Unternehmen kann mittelfristig scheitern und umgekehrt. Die Frage nach Kurzfristigkeit oder Langfristigkeit ist also fundamental für unsere gesamte Lebenskultur. Sie betrifft die Wirtschaft, die Politik und natürlich ganz besonders auch die Erziehung. Ich meine, dass unsere Gesellschaft mit dieser Kurzfristigkeit in eine falsche Richtung steuert, weil sie langfristige Schäden anrichtet und sich des Ausmaßes dieser Schäden nicht bewußt wird, wenn sie nur kurzfristig rechnet.

Allerdings ist das kein neues Problem. Deshalb möchte ich eine alte Tradition wieder in Erinnerung rufen, nämlich die Tradition der Achtsamkeit, wie sie im Buddhismus gepflegt wurde und wird, der im 4. Jh. v. Chr. entstand, um die Kategorien und Parameter der Berechnung von religiöser Effizienz zu verändern. Die Effizienz, um die es damals ging, war die Frage, wie der Mensch sein Schicksal und das Schicksal der Welt so beeinflussen kann, dass es günstig ist, dass also effiziente Wirkungen erzielt werden. Dies geschah durch das Opfer, durch religiöse Riten aller Art, mit denen ein karmisch bestimmtes Feld erzeugt werden sollte. Die frühbuddhistische Bewegung ist eine Gegenbewegung gegen dieses brahmanische Opfersystem. Sie zeigt, dass die Bewusstseinsveränderung, die nötig ist, um tatsächlich die karmischen (das heißt die bewusstseinsmäßigen) Voraussetzungen für eine Veränderung zu erzeugen, längerfristige Übungen brauchen als ein kurzfristig angesetztes Opfer, was in einem bestimmten Zeitabschnitt zu bestimmten Tageszeiten vollzogen werden kann. Mit anderen Worten: Wir haben es bei der Einführung des Buddhismus mit dem Problem von Effizienz und Zeitmaß zu tun, das unserer Fragestellung gar nicht so fern ist.

Der Buddhismus entwickelt eine Pädagogik des Spirituellen. So könnte man den Buddhismus auffassen, wenn man das Wort »Religion« vermeiden will, das ja ein europäisch geprägter Begriff ist. Die Methode dieser Pädagogik ist die Achtsamkeit. Das jedenfalls ist das Wort, das der deutsche buddhistische Gelehrte Nyanaponika als Übersetzung für den buddhistischen Pali-Begriff *sati-*

patthana eingeführt hat. Satipatthana heißt wörtlich übersetzt: auf die Bewusstseinsmuster zu achten, die aus vergangenen Eindrücken und deren Verarbeitung resultieren, und sich ihrer bewusst zu sein. *Sati* ist die Erinnerung, das also, was gespeichert ist und in Bewusstheit als formative Kraft auftritt, um gegenwärtige Eindrücke einzuordnen und durch Intentionalität wahrzunehmen. Achtsamkeit ist also nicht eine zu unseren normalen Bewusstseinsprozessen hinzukommende Qualität, sondern Achtsamkeit als zielgelenkte Intention ist Voraussetzung für jede Wahrnehmung, jeden Denkprozeß und seine Folgen.

Die gewöhnliche Achtsamkeit des Menschen ist eher diffus. Diese diffuse Präsenz bündelt sich in achtsamer Wahrnehmung, wenn ein Objekt erscheint, registriert und dann begrifflich gedeutet wird. Achtsamkeit ist damit der Kern jeder Wahrnehmung und Wahrnehmungstheorie, das heißt jeder Ästhetik. Da alles, was für Menschen geschieht, im Bewusstsein repräsentiert bzw. konstruiert wird, ist Achtsamkeit die Pforte des Menschen zu sich selbst und zur Welt. Achtsamkeit erweist sich damit als objektzentriert. Sie ist eine wichtige Voraussetzung dessen, was wir die meditative Versenkung nennen können. Aber gerade so ist sie nicht identisch mit Versenkung, also mit *samadhi*. Denn Versenkung hat letztlich kein Objekt, sie ist ein unbegrenzter Raum von Bewusstheit, der nicht näher beschrieben werden kann, weil jede Beschreibung Definition bzw. Abgrenzung bedeuten würde. So bezeichnet man im frühen Buddhismus tiefere Versenkungsstufen als Raumunendlichkeit, Zeitunendlichkeit usw.

Achtsamkeit ist Ausgangspunkt jeder Spiritualität, d. h. des bewussten Umgangs mit dem eigenen Bewusstsein in allen Lebensbezügen. Achtsamkeitsübung ist zuallererst eine Schulung der Wahrnehmung. Alle mir bekannten Religionen und Kulturen haben Techniken entwickelt, mit denen Achtsamkeit geübt, gepflegt und vor allem stabilisiert werden kann, Übungen des Gebetes, der Meditation, des kultischen Tanzes, des Singens, des

Zeichnens. Alle fokussieren das Bewusstsein auf einen gegebenen Gegenstand, auf ein Objekt also, oder auf sich selbst, wobei im Selbstbewusstsein bestimmte Aspekte des Bewusstseins sich selbst zum Objekt werden. Alles, was wir tun, auch was wir empfinden und dann objektivierend vor uns stellen, ist in unserem Bewusstsein vorgebildet. Wahrnehmungen, Gefühle und Gedanken, die im Augenblick erscheinen, sind geprägt von früheren Wahrnehmungen, Gefühlen und Gedanken. Gegenwärtige Eindrücke werden nach Mustern verarbeitet, die im Laufe unserer Lebensgeschichte angelegt worden sind. Davon zu unterscheiden sind genetisch bedingte Wahrnehmungsmuster, zum Beispiel die Bandbreite möglicher Farb- und Klangwahrnehmungen, die bei verschiedenen Säugetieren und beim Menschen verschieden sind. Jedenfalls nehmen wir nichts wahr, »wie es ist«, sondern eingefärbt durch den Charakter, den unser Bewusstsein bereits ausgebildet hat. Alles ist gefiltert. Diesen Filter genau kennenzulernen, zu verstehen und zu reinigen, ist eine unabdingbare Aufgabe, die zugleich analytisch und experimentell vollzogen werden kann, wenn wir wissen wollen, warum wir so fühlen oder solche Empfindungen hervorbringen, wie wir sie hervorbringen, und wenn wir diese zu kultivieren bzw. zu steuern lernen wollen. Das ist die klassische Frage der Meditation, wie sie in verschiedenen Kulturen ausgeprägt worden ist.

Wirklichkeit ist nichts, was es »an sich« gäbe. Das hat nicht erst Immanuel Kant entdeckt, sondern es ist die Prämisse jeder buddhistischen Wahrnehmungstheorie. Für den Menschen ist das wirklich, was er als wirklich wahrnimmt, was also durch Bewusstsein und seine Erwartungs- und Verarbeitungsmuster geschaffen wird. Im Übrigen ist der deutsche Begriff Wirklichkeit ein Begriff, der zurückgeht auf Meister Eckhart, der im Mittelalter einer der bedeutendsten Meditationsmeister, Experimentator mit dem eigenen Bewusstsein und analytisch denkender Philosoph in einem war. Er übersetzt den lateinischen Begriff *realitas* mit dem in der deutschen Sprache zunächst gar nicht naheliegenden Begriff *Wirklichkeit*. Denn dieses Wort enthält das Wirkende – die *dynamis*, wie es im Griechischen heißt –, also gerade nicht eine im Statischen ontologisierte Vorstellung von dem einen unveränderlichen Sein (*esse*). Eckhart wusste, dass wirklich ist, was für uns wirkt, was sich in unserem Bewusstsein dynamisch ausprägt. Wenn das so ist, dann ist unser Erwartungshorizont entscheidend dabei beteiligt, was wir überhaupt wahrnehmen können – nicht erst in der Interpretation also, sondern bereits in der Wahrnehmung. Ein Beispiel: Was sich bewährt hat in der Wahrnehmung, wird immer wiederholt und festigt sich zu einer Gewohnheit. Solche Gewohnheiten sind das, was wir das Eingeprägte (griechisch: den *Charakter*) nennen; das ist nicht etwas Gegebenes, sondern etwas aus der Biographie Gewordenes. Kultur ist die Prägung und Umprägung dieser Wahrnehmungsmuster. Kultur ist nicht nur das, was wir verobjektiviert vor uns hinstellen als Objekte der Kunst, der Architektur und der Philosophie, sondern Kultur ist wesentlich die Selbstprägung der Wahrnehmungsmuster in einer Gesellschaft. Alle Riten in einer Kultur dienen dazu, die einmal tradierten Formen weiterzugeben, um diese Konsistenz in den Wahrnehmungen und damit dann auch das Zusammenleben aufgrund dieser Konsistenz überhaupt zu ermöglichen.

Es geht nicht nur um die sekundäre Interpretation von bestimmten Wahrnehmungen und Wahrnehmungsinhalten, sondern es geht um die »primäre« Wahrnehmung, die abhängig vom Zustand des Bewusstseins ist – im Zustand der Müdigkeit wird die Wirklichkeit anders wahrgenommen als in Wachheit. Im Zustand der Depression sehen wir die Dinge wie beispielsweise Farben tatsächlich anders als in Euphorie. Unsere Wahrnehmungsbereitschaft ist eine Art Folie, eine Matrix, die sich ständig selbst stabilisiert und zu repetieren versucht. Die Wahrnehmungsbereitschaft hängt damit aber ab von vorgegebenen Werten. Wirklich ist für den Menschen vor allem natürlich das, was für ihn wirksam ist; was also seine Interessen und Wünsche beeinflusst. Und zwar entweder positiv, wenn den Wünschen bzw. Erwartungen entsprochen wird, oder negativ, wenn ihnen widersprochen wird.

Die Wirklichkeit, die wir haben, ist mithin ein Resultat interaktiver Wahrnehmungsprozesse zwischen Individuum, Gesellschaft und ökosphärischer Mitwelt. Das aber heißt, dass wir Wirklichkeit nicht »haben«, sondern schaffen. Die Werte, durch deren Muster hindurch wir Wirklichkeit wahrnehmen, werden in geschichtlichen Veränderungsprozessen erzeugt, die wiederum das, was sie schaffen, gleichzeitig voraussetzen. Was wirklich ist, wird also durch den Konsens gesellschaftlicher Normen bestimmt. Wirklichkeit wird individuell geschaffen, wobei das Individuum hochgradig an gesellschaftlich vorgegebene und geschichtlich gewordene Muster (z. B. Sprache) gebunden ist.

Religionen sind wie Sprachen. Und in Sprachen erleben wir Wirklichkeit verschieden. Anders ausgedrückt: Religionen geben nicht auf ein und dieselbe Frage der Menschen verschiedene Antworten, sondern Religionen stellen verschiedene Fragen. Sie sind wie verschiedene Sprachen, die zum Beispiel Zeitverhältnisse, Personalverhältnisse, Effektivität- und Effizienzverhältnisse, Kausalitätsverhältnisse unterschiedlich konstruieren. In Sprachen konstruieren wir unser Bewusstsein verschieden und nehmen die Dinge dann verschieden wahr. Und zwar nicht nur im Wachzustand, sondern, wie die vergleichende Ethnologie und Religionswissenschaft zeigen kann, auch in unseren Träumen. Es sollte nicht wundern, wenn auch Bewusstseinszustände, die durch besondere Achtsamkeitsübungen wie Meditation hervorgerufen werden (solange sie noch objektorientiert sind), auch durch unterschiedliche Sprachmuster verschieden konditioniert sind.

Aus all dem folgt, dass Bewusstsein abhängig ist von Erziehung und Selbsterziehung. Das Problem ist, dass wir in den säkularisierten Erziehungsstrukturen vor allem objektzentriert sind.

Das heißt, wir lernen Inhalte mit einem Bewusstsein, das sich selbst nicht kennt, das sich selbst nicht zu konditionieren in der Lage ist. Wir versuchen zwar, Aufmerksamkeit zu erregen, etwa durch von außen kommende Signale und Impulse. Wenn der Lehrer also brüllt, wenn er ruft, wenn er den Fluss des Bewusstseins unterbricht – früher auch durch Stockschläge und dergleichen –, dann versucht er, ein erhöhtes Aufmerksamkeitsniveau durch ein plötzliches Unterbrechen des Aufmerksamkeitsflusses zu erzeugen. Beim nächsten Mal muss der entsprechende Impuls höher gesetzt werden. Kulturen, die aufgrund ihrer Praxis mit dem eigenen Bewusstsein Aufmerksamkeit trainieren, wissen, dass dies auf Dauer nicht gutgehen kann. Es bedarf einer gezielten Schulung des Bewusstseins, um mit sich selbst umgehen zu können.

Die Frage ist nun: Wie kann Achtsamkeit konkret auf die unterschiedlichen Funktionen des bewussten Lebens einwirken? Ich gehe aus von den vier grundlegenden Aspekten oder Funktionen des Bewusstseins, nämlich der Wahrnehmung, dem Gefühl, dem Denken und dem intentionalen Handeln. Dabei steht die empfindende Wahrnehmung an erster Stelle, denn von der Achtsamkeit und Genauigkeit, d. h. von der Konzentration des Bewusstseins auf den gegenwärtigen Augenblick, hängt die ungetrübte und klare Aktion und Reaktion des Bewusstseins ab. Wir können gar nicht angemessen handeln, wenn das Maß von vornherein nicht stimmt und alles nur verzerrt durch den Spiegel unserer Wünsche oder Ängste erscheint. Ästhetik ist nicht nur die Lehre vom Schönen, sondern auch die Wahrnehmungstheorie. *Aisthesis* heißt Wahrnehmung. Die Ästhetik im weitesten Sinne also – die neue staunende aufmerksame Wahrnehmung der Menschen, der Dinge, der Natur, der Kunstwerke und vor allem der eigenen Bewusstseinsfunktionen – scheint mir Möglichkeiten zur Bildung des Menschen zu eröffnen, die noch längst nicht ausgeschöpft sind.

Eine veränderte und achtsame Wahrnehmung beeinflusst unmittelbar das Gefühl und die Affekte, die damit stabiler und kontrollierter werden. Man kann nicht einfach wollen, nicht aufgeregt und zornig zu sein, weil dieser Wille unter Umständen in dem alten Modus des Bewusstseins die Aufregung oder den Zorn nur noch verstärkt. Stattdessen muss man lernen, die Impulse, die zu diesem Zorn führen, zu erkennen und mit ihnen umzugehen. Genau das tut die Meditation.

Das urteilende Denken wird aufgrund konzentrierter Wahrnehmung nicht nur ausgewogener, sondern urteilt nicht vorschnell, kann Vorurteile als ich-zentrierte Projektionen erkennen und die Folgen einzelner Gedanken und Handlungen umfassender abschätzen als ein Denken, das aufgrund einseitiger Interessen durch Engführungen irregeleitet wird. Das Handeln wird dann entsprechend sein, nämlich vernünftig, besonnen und realitätsbezogen. Inwiefern? Vernünftig, weil alle oder zumindest viele unterschiedliche Aspekte einbezogen und ichhafte Wunsch- und Angstmuster durchschaubar werden. Damit wird die zu Beginn erwähnte Kurzfristigkeit überwindbar, denn diese hat wesentlich mit solchen ichhaften Wunsch- und Angstmustern zu tun. Man kann argumentieren, dass unser ökonomisch schnelles System auch damit zusammenhängt, dass wir Ängste überspielen wollen, die wir nicht durchschauen. Wenn wir sie aber zu durchschauen lernen, gelangen wir tatsächlich zu einer anderen Wahrnehmung.

Ich schlage also eine gezielte Bewusstseinsschulung vor, um das Handeln des Menschen neu zu motivieren, zu strukturieren und bewusst zu gestalten. Es geht dabei – und ich zitiere aus meinem Buch »Wie können wir leben?« – um den Aufbruch aus festgefügten und starr gewordenen Mustern des Wahrnehmens, Fühlens, Denkens und Handelns, wobei wir diese Muster oft gar nicht mehr als geworden und damit veränderbar wahrnehmen, sondern als Sachzwänge deklarieren. Das aber ist das größte Gefängnis, in dem wir sitzen, die Falle, die auf einer falschen, nämlich statischen Interpretation der Wirklichkeit beruht. Erst wenn ich erkannt habe, wer ich bin und was meine Potenziale sind, kann ich entsprechend handeln. Ich werde aber nicht durch mein Handeln, sondern mein Handeln gestaltet sich nach dem, was ich bin. Das aber, was ich bin, erschließt sich erst durch genaue Wahrnehmung dessen, was als solidarische Kreativität in mir lebendig ist, das Verbundensein mit allen anderen Lebewesen. Das ist keine neue Einsicht: »Ich bin nicht, was ich tue, sondern was ich bin, gestaltet mein Tun.« Was ich bin, ist aber die Folge dessen, was ich geworden bin durch mein Denken und Tun. Wir kennen dies aus der lateinisch-christlichen Überlieferung genauso wie aus der Überlieferung der indischen Upanishaden, wo es heißt (Brihadaranyaka Upanishad, ca. 8. Jh. v. Chr.): »Wie einer sich bewegt, wie einer handelt, so wird er.« Was ich bin, prägt mein Handeln, und mein Handeln prägt meinen Charakter, prägt mein Sein. Der Fachbegriff dafür im indischen Kontext ist *karman*.

Achtsamkeit ist die Methode der Kultivierung von Konzentration, und diese ist der Kern einer Pädagogik des Spirituellen. Ich möchte das an der Praxis des Zen-Buddhismus verdeutlichen. In einem klassischen Text dieser Tradition, im Hochsitz-Sutra des 6. Patriarchen Hui-neng, heißt es, daß Nichtdenken heißt, nicht zu denken, selbst wenn man Gedanken hat. Es kommt nicht auf eine Gedankenleerheit an, sondern darauf, dass man die Gedanken vorüberziehen lässt, nicht bei ihnen verweilt, sie nicht für Abbilder der Wirklichkeit hält und sich nicht auf sie einlässt. Stattdessen ruht das Bewusstsein achtsam in sich selbst. Es ist dabei nicht auf ein Objekt gerichtet, sondern nimmt sich selbst als leeren Raum wahr, der aber doch ganz und gar gefüllte Präsenz ist. Man kann diese Dinge nur im Paradox ausdrücken, aber das ist auch kein Spezifikum des Zen, sondern das Paradox ist die Ausdrucksweise, in denen tiefere Bewusstseinszustände zur Sprache kommen. In der europäischen Tradition hat das kein anderer so klassisch und prägnant formuliert wie Nikolaus von Kues im 15. Jh. mit seinem Begriff der *coincidentia oppositorum*, dem »Zusammenfall der Gegensätze«. Es ist ein Raum, der vollkommen leer ist und dabei gleichzeitig gefüllte Präsenz. Gefüllte Präsenz von Achtsamkeit, Aufmerksamkeit, hellster Wachheit oder – hier kann man nur mit Bildern sprechen – Lichthaftigkeit. Doch alle Bilder und Begriffe sind unzureichend. Begriffsbilder und Konzepte entstehen ja, wenn Sinneseindrücke zusammengefasst und vom Bewusstsein in wiedererkennbaren Mustern verarbeitet werden. Das sind unsere Begriffe. Diese aber repräsentieren immer Teilbereiche des Wahrgenommenen in einer Gestaltgebung, eben in den Begriffen, die vom Bewusstsein selbst hervorgebracht wird. Diese Begriffe sind nicht die Wirklichkeit, sondern die abstrahierten Repräsentationen derselben. In der visuellen Wahrnehmung etwa nehmen wir einen bestimmten Ausschnitt heraus und er- bzw. begreifen den, obwohl das ganze diffuse Bild in unserem Bewusstsein ankommt. Das Bewusstsein selbst ist aktiv und filtert einen Zuschnitt, also Formgebungen heraus.

Das Problem sieht nun nicht nur Zen, sondern sehen fast alle Schulen des Buddhismus darin, dass Menschen ihre Gedanken- und Begriffsbildungen (im Sanskrit: *prapanca*) für das Wirkliche halten und damit die Dinge verfälscht wahrnehmen, nämlich getrennt in Dualitäten, aufgerieben durch Urteile, die Einseitigkeiten und Verstrickungen bewirken. Begriffe sind zwar nützlich, um die Vielfalt der Sinneseindrücke zu ordnen und zu filtern, aber sie repräsentieren nicht das, was ist, sondern erzeugen Stereotype und Projektionen. Sie verhindern den Blick auf das Gegenwärtige, das heißt auf das spontan Neue. Wir sehen das Neue, also das Spontane, aufgrund unserer Begriffsmuster nur immer in den Filtern des Vergangenen, was zwar Kohärenz erzeugt und damit eine ganz wichtige psychische Funktion hat, aber es entgeht uns dabei das Neue. Wenn wir einander zum Beispiel in Partnerschaften in alten Mustern wahrnehmen, projizieren wir vergangene Erfahrungen auf den gegenwärtigen Augenblick, obwohl vielleicht die Partnerin oder der Partner in diesem Moment gerade einen ganz neuen Impuls einbringen wollte. Wir sehen es gar nicht. Und das ist genau das Problem, was nicht ein Problem des bösen oder guten Willens ist, sondern ein Problem der falschen und nicht aufmerksamen Wahrnehmung. Und daran können wir viel ändern.

Die Zen-Übung führt dazu, nicht mehr nur in Rastern des Gewohnten, des Vergangenen und damit des stereotyp Geordneten wahrzunehmen. Stattdessen richtet sich nun das Bewusstsein auf sich selbst, auf einen im Bewusstsein liegenden Strom von Achtsamkeit. Anders ausgedrückt besteht die Übung darin, projektionsfrei und direkt wahrzunehmen, frisch und ungetrübt durch die selbsterzeugten Begriffsnetze hindurchzubrechen, damit die Wirklichkeit erscheinen kann, wie sie ist. Wenn in den mystischen Traditionen des Buddhismus wie auch des Christentums oder anderer Religionen so viel die Rede davon ist, dass man »nicht anhaften« solle, so ist die Wurzel des Anhaftens nicht dieser oder jener Affekt, sondern die Begriffsbildung, die die Wahrnehmung verstellt. Diese Wahrnehmung zu verändern und frei zu machen ist der Sinn der Übung, die wir Spiritualität nennen.

Noch einiges zur Übung selbst. Sie besteht in stundenlangem bewegungslosen Sitzen mit aufrechter Wirbelsäule, bei der der Atem völlig beruhigt ist. Es geht nur über den Körper. Deshalb ist dieses Körperbewusstsein der Anfang von allem, wenn wir Bewusstsein gestalten wollen, weil Bewusstsein und Körper nicht trennbar sind. Sie sind wie zwei verschiedene Aggregatzustände ein und desselben Energiespektrums. Das regungslose Sitzen schafft eine Ruhe, die sich im Körper selbst ausdrückt. Die Verspannungen werden zunächst manifest, können dann aber genau angezielt und gelöst werden. Der Atem wirkt wie ein Scharnier zwischen Körper und Bewusstsein; mit ihm kann man sowohl den Körper beeinflussen als auch das Bewusstsein. Die Bewusstseinsbewegungen werden ruhiger. Im völlig gesammelten Sitzen und im gesammelten Beobachten des Atems – besonders in der Pause, bevor die Einatmung wiederkommt – kommt das Bewusstsein allmählich zur Ruhe, betrachtet sich selbst und erfährt seine hintergründigen Tiefenstrukturen, aus denen die Wahrnehmung kommt. Dabei ist entscheidend, dass die Übung ein Ausbalancieren von aktiver Konzentration und passivem Loslassen ist. Man kann ja die Ruhe nicht wollen, weil solche Willensanstrengung die Bewußtseinsbewegung nur intensivieren würde. Man muss also das Nichtwollen wollen. Das ist wieder paradox. Man muss die Konzentration wollen und im richtigen Augenblick genau dieses Wollen loslassen, um völlig passiv zu sein, damit sich der ruhende Bewusstseinsraum einstellen kann. Wenn die Wachheit absinkt, etwa in Schläfrigkeit oder Unkonzentriertheit, muss man wieder Willensaktivität hineingeben. Es ist wie bei einer Waage, bei der sich das Pendel genau an dem Punkt des Gleichgewichts einpendeln muss: zwischen aktiver Konzentration und passivem Loslassen oder passiver Aktivität und aktiver Passivität. Das ähnelt dem Erlernen des Fahrradfahrens: Anfangs ist es schier unmöglich, die Balance zu halten. Allmählich lernt der Körper, und plötzlich ist die Balance da. Man verlernt sie nie wieder, sie wird zu etwas ganz Natürlichem. So auch beim Klavier- oder Geigenspiel, wenn man Fingersätze übt. Wenn man sie wirklich gelernt hat, wird man sie zeitlebens nicht vergessen. Die Finger werden im Lauf der Zeit vielleicht etwas steifer und mechanisch nicht mehr ganz so leicht laufen, aber im Prinzip hat man eine Beethoven-Sonate, die man einmal wirklich gelernt hat, gelernt. Nur Einzelheiten vergisst man, sie sind durch Auffrischung aber wieder schnell »da«. Ähnlich ist es mit der Meditation.

Konzentration im Zen ist nicht bloß die Übung, das Bewusstsein längere Zeit bei einem Objekt verweilen zu lassen, sondern es geht um ein Bewusstsein, das sich völlig eint. Ich spreche gern von einer sich selbst einenden Bewusstheit, die alle nur möglichen Objekte, die auftauchen können, in sich vereinigt. Alle Ereignisse fließen in den einen gebündelten Strom der Aufmerksamkeit ein. Das nennen wir Achtsamkeit.

Was bedeutet diese Übung der Achtsamkeit für unseren Alltag und dann auch in der pädagogischen Praxis? Aufbruch, und zwar im doppelten Sinne dieses Wortes: Aufbruch aus alten Mustern und Bewegung zu neuen Horizonten in allen Dimensionen, die das Menschsein ausmachen, in der Wahrnehmung, im Fühlen, im Denken und im Handeln. Und dies wiederum in Bezug auf uns selbst, in Bezug auf die nähere soziale Gemeinschaft, in Bezug auf die Politik großer sozialer Gruppen und in Bezug auf die Mitwelt alles Lebendigen, der Tiere, der Pflanzen, des ganzen Ökosystems der Erde. Achtsamkeit bedeutet, den größeren Zusammenhang wahrzunehmen, zeitlich und räumlich. Räumlich, indem wir die gesamte Ökosphäre einbeziehen, und zeitlich, indem wir diesen Augenblick ganz und gar wahrnehmen als einmalig, auch wenn er sofort vergangen ist, aber in diesem Strom der Augenblicke eine lange, unendliche Zeit, eine unendlich Ausbreitung einnimmt. Ausrichtung also nicht auf kurzfristige Effizienz, sondern auf eine langfristige, alle Zeitmuster umfassende Effektivität.

Achtsamkeit bedeutet, den größeren Zusammenhang wahrzunehmen. Oder, wie wir heute gern sagen, systemisch vernetzt zu leben, zu denken, zu fühlen und zu handeln. Die systemische Vernetzung aller Dinge, die wir kognitiv ja längst begriffen haben, verlangt, dass wir ein linear reduktionistisches Denken intelligent überwinden, nicht indem wir die Intelligenz aufgeben, sondern ganz im Gegenteil, indem wir die Intelligenz anstrengen und intelligenter werden als wir gegenwärtig sind. Sie verlangt auch, dass langfristige Perspektiven und Strategien als weitaus rationaler erscheinen als kurzfristige Lösungen, die meist Scheinlösungen sind. Systemisches Denken und Erleben bedeutet, Rückkoppelungen von Projekt, Tat und Überprüfung in angemessener

Geschwindigkeit zu ermöglichen. Ein jedes Ding hat seine Zeit, und wenn ich die Zeitmuster nicht berücksichtige, stimmen die Parameter nicht.

Unsere heutigen Kosten-Nutzen-Analysen sind vorwiegend deshalb falsch und produzieren dann ökologische, humane, gesellschaftliche, pädagogische oder psychologische Desaster, weil sie einerseits wesentliche Parameter (wie zum Beispiel die Nachhaltigkeit) ausblenden und Korrekturen von Fehlentscheidungen viel zu zaghaft umsetzen. Meist werden Fehler ja aus Hierarchiegründen verschleiert, weil Angst unser Denken und Handeln beherrscht. Auch das ist ein spirituelles Problem. Angstfreiheit ist einer der wichtigsten Prozesse spiritueller und sozialer Reifung. Ein Prozess, der bewusst geübt werden kann und muss, in den Bildungssystemen, den Wirtschaftssystemen, den politischen Systemen. Ein Schlüssel dazu ist die Spiritualität der Achtsamkeit.

4. Stufen und Wege zur Selbsterkenntnis

»Manche meinen, Mitgefühl helfe nur den anderen und sei für einen selbst nicht von Belang, oder sie meinen gar, man würde dadurch etwas verlieren. Aber das Gegenteil ist richtig: Durch das Mitgefühl verstärken wir auch unsere eigene innere Ausgeglichenheit und unsere innere Stärke. Ein Mensch, der wenig Mitgefühl empfindet, erlebt durch diese eingeengte Sicht auch mehr Ängste und Unruhe. Es ist sogar so, dass das Mitgefühl zuallererst einem selbst hilft; ob es überhaupt jemand anderem hilft, hängt auch vom anderen ab. Ein Beispiel: Wenn ich den Menschen zuwinke oder zulächele, dann bekomme ich gewöhnlich als Reaktion einen freundlichen Ausdruck zurück. Hier in Deutschland etwa sehe ich viele zurücklächelnde Gesichter. Aber manchmal ist es so, dass einzelne Menschen, wenn ich sie anlächele, anscheinend misstrauisch werden und sich wohl fragen, warum ihnen eine fremde Person zulächelt. In diesem Fall trägt mein Mitgefühl und mein Lächeln nicht zu etwas Positiven beim anderen bei, sondern verstärkt sein Misstrauen und seine Ängste. Aber in meinem Geiste hilft es mir dennoch. Also ist Mitgefühl nicht etwas, wodurch man etwas opfert oder seine eigenen Interessen vernachlässigen würde, sondern im Gegenteil, es bringt einem mehr Selbstvertrauen und mehr innere Stärke und ist so in jedem Falle für einen selbst gut.

Wir haben im 20. Jahrhundert viele Veränderungen erlebt und auch viele negative Erfahrungen gemacht. Viele Menschen dachten, Kriege seien unausweichlich und normale oder gar unabdingbare Instrumente zum Lösen von Problemen und Konflikten. Die Ausbeutung der Natur, Umweltzerstörung in großem Ausmaße, Kolonialismus und Imperialismus nahmen immer mehr zu. Man hatte auch vielfach die Einstellung, Wissenschaft und Spiritualität würden sich ausschließen. Inzwischen gehen diese Erkenntnisrichtungen aufein-

ander zu, und es gibt auch sehr viele andere positive Entwicklungen. So haben wir den Dialog als ein Mittel zum Lösen von Konflikten erfahren, und die Kooperation zwischen vielen Länden wurde verstärkt. Die Bereitschaft, ohne weiteren Zweifel einfach in den Krieg zu ziehen, hat spätestens seit dem Vietnamkrieg abgenommen. Betrachten Sie die weltweiten Proteste vor dem Irakkrieg: Es hat von Australien bis Amerika Protestbewegungen gegeben. Auch Werte wie Demokratie und Menschenrechte, das Recht auf Selbstbestimmung und Rechtsstaatlichkeit usw. sind im 20. Jahrhundert mehr und mehr gestärkt worden. Ebenso hat sich die Sorge um die Umwelt, der Gedanke des Umweltschutzes entwickelt. In vielen Ländern gibt es sogar Parteien, die aus der Umweltbewegung hervorgegangen sind. Ich sage manchmal im Scherz: Wenn ich selbst in eine Partei eintreten würde, dann wäre es sicher eine Partei, die sich für den Umweltschutz einsetzt. Auch dass man sich inzwischen mehr für die Rechte der Tiere einsetzt, ist eine Entwicklung des letzten Jahrhunderts. Das ist auch eine ganz richtige Entwicklung, die ich sehr unterstütze, denn wir sollten unser Mitgefühl auch auf andere Spezies und auf die gesamte Natur ausdehnen. Unser Ziel ist es, Frieden für den gesamten Planeten zu erreichen, und Tiere und die gesamte Natur gehören dazu. Wir haben nur einen Planeten, auf dem wir alle gemeinsam leben können.«

Dalai Lama

Erziehung – Therapie – Spiritualität

Heinrich Dauber

Einleitung

»Glaube nicht an die Macht von Traditionen, auch wenn sie über viele Generationen hinweg und an vielen Orten in Ehren gehalten werden. Glaube an nichts, nur weil viele Leute davon sprechen. Glaube nicht an die Weisheiten aus alter Zeit. Glaube nicht, dass deine eigenen Vorstellungen dir von einem Gott eingegeben wurden. Glaube nichts, was nur auf der Autorität deiner Lehrer oder Priester basiert. Glaube das, was du durch Nachforschungen selbst geprüft und für richtig befunden hast und was gut ist für dich und andere« (Gautama Buddha).[21]

Viele Traditionen und Riten aus unserem abendländischen Kontext sind heute verlorengegangen oder uns fremd geworden. Damit stehen wir vor der Herausforderung, neue Rituale geistiger Orientierung zu finden oder zu erfinden, um inneren Frieden mit uns und der Welt zu erlangen. Aber wie der Dalai Lama sagt, ist »ein religiöser Glaube keine Vorbedingung für ethisches Verhalten oder für das Glücklichsein selbst ... Geistig-seelische Werte wie Liebe, Mitgefühl, Geduld, Toleranz, Vergebung, Demut und so weiter ... [sind unabdingbar], ob jemand eine Religion ausübt oder nicht« (Dalai Lama 2000, 23).

Als Pädagogen, Psychotherapeuten und Meditation Praktizierende ist uns das Privileg geschenkt, auch in unserer Arbeit über die prägenden Muster nachdenken zu können, die unsere eigene Wahrnehmung und unsere eigenen Werthaltungen und Handlungen bestimmen. Aus meiner Sicht ist damit auch eine Verpflichtung verbunden: Nicht andere besserwisserisch zu belehren, aber dafür zu sorgen, dass die damit verbundenen Fragen auch in unseren pädagogischen Institutionen und therapeutischen Kontexten nicht verloren gehen und durch ökonomistische Standards und Effektivitätskontrollen verdrängt werden.

Der rote Faden meiner Überlegungen orientiert sich an drei Fragen und an dazugehörenden Stichworten:

Erstens: Als Kinder und später als Jugendliche wollen wir wissen: Zu wem gehöre ich? Wer bin ich? Wie finde und behaupte ich meinen Platz in der Gruppe der Gleichaltrigen? – Diese Fragen gehören in den Bereich der Erziehung.

Zweitens: Als junge Erwachsene fragen wir uns: Was kann ich werden? Wie finde ich den zu mir passenden Partner? Wie bin ich so geworden, wie ich bin? Wie will ich leben? Was will ich in meinem Leben ändern? – Mit diesen und ähnlichen Fragen setzen wir uns in therapeutischen Kontexten auseinander.

Drittens: Als älter werdende Menschen beginnen wir, uns in umgekehrter Richtung zu fragen: Um zu wissen, wer wir sind, müssen wir herausfinden, wer wir nicht sind. Wer bin ich nicht (mehr) oder noch nicht? Was ist mein wahres Wesen, der tiefere Sinn meines Da-Seins? Was erwartet das Leben von mir? Was haben wir zu geben? – Diese und ähnliche Fragen bewegen uns in der Meditation als spiritueller Praxis.

Erziehung oder die Frage: Zu wem gehöre ich? Wie finde und behaupte ich meinen Platz in der Gesellschaft?

»Das Bedürfnis der Jugend ist: sich selbst ernst nehmen zu können. Das Bedürfnis des Alters ist: sich selber opfern zu können, weil über ihm etwas steht, was es ernst nimmt. Ein geistiges Leben muss zwischen diesen beiden Polen ablaufen und spielen. Denn Aufgabe, Sehnsucht und Pflicht der Jugend ist das Werden, Aufgabe des reifen Menschen ist das Sichweggeben oder, wie die deutschen Mystiker es einst nannten, das ›Entwerden‹. Man muss erst ein voller Mensch, eine wirkliche Persönlichkeit geworden sein und die Leiden dieser Individuation erlitten haben, ehe man das Opfer dieser Persönlichkeit bringen kann«
(Hermann Hesse).[22]

Bis ein Kind auf die Welt kommt, hat es schon eine atemberaubende Entwicklung hinter sich. Mit der zwölften Woche beginnt eine Phase, die ganz im Zeichen von Wahrnehmung, Bewegung und seelischer Empfindung steht. Der werdende kleine Mensch (»Fötus«) kann hören, schmecken und tasten und beginnt, sich im Raum zu orientieren. Über diese Sinneswahrnehmungen kommt es zu ersten Eigenwahrnehmungen. Der Fötus beginnt, alle Fähigkeiten auszubilden, die das Kind später braucht. Er wächst geschützt und genährt in einem Raum auf, der seiner Entfaltung keine Grenzen setzt. Noch nach der Geburt ist dieser kleine Mensch offen für alle Sprachen der Welt; dennoch erkennt er von Anfang an die Stimme von Mutter und Vater. Von Anfang an lebt und entwickelt sich ein Kind in vielfältigen Beziehungen, zu sich, zu den Menschen um ihn herum, zu seiner Umwelt und ihren jeweiligen Ausdrucksformen und Gestaltungen.

Säuglinge, die von Anfang an intensiven Körper-, Haut- und Blickkontakt erfahren, sind ausgeglichener und die für Wahrnehmung zuständigen Hirnregionen bilden sich früher aus. Diese Entwicklung setzt sich in den ersten Monaten und Jahren fort. Ich kenne kaum kleine Kinder, die nicht mit Vergnügen auf das »Guck-guck-da-da«-Spiel reagieren. Fast alle suchen von sich aus Blickkontakt und reagieren entzückt, wenn er erwidert wird.

In zahllosen kleinen Situationen und Interaktionen bilden sich durch Umweltreize und erzieherische Interaktionen schon sehr früh die Muster unserer Wahrnehmung heraus und damit verbunden unsere Selbst- und Weltbilder. Nicht zuletzt werden dafür die Weichen gestellt, ob wir für neue Erfahrungen offen sind oder uns lieber in sicher geglaubten, gewohnten Bahnen bewegen. Noch vor wenigen Generationen (und bis heute in vielen Teilen der Welt) waren diese erzieherischen Bahnen eng gezogen. Bei aller – heute mehr als früher praktizierten – Offenheit gegenüber den Bedürfnissen, Interessen und Wünschen der Kinder und Jugendlichen sind mit diesen Situationen und Interaktionen immer kulturelle und soziale Festlegungen verbunden, zumindest Bahnen der Interpunktion künftiger Erfahrung gelegt.

Unter Erziehung können wir, vereinfacht gesagt, die Fülle der Aktivitäten in einer Gesellschaft zusammenfassen, die der Sicherung der Generationenfolge dienen; kurz: die Reaktion der Gesellschaft auf die Entwicklungstatsache. Seit jeher hat sich deshalb die Erwachsenengeneration Gedanken über die Aufzucht und Erziehung der nachfolgenden Generation gemacht, eben weil diese nicht erwachsen auf die Welt kommt, sondern sich in einem – heute immer längeren – Prozess auf diese Rolle vorbereiten muss.

Genauso alt wie bewusste (»intentionale«) Erziehung ist der kritische Blick auf die Nachkommenden und die Sorge, diese seien schlecht erzogen, un-erzogen, und damit eine Gefahr für das Fortbestehen der Gesellschaft. Bis in allerjüngste Zeit war es darum erste und vornehmste Aufgabe der Erziehung, dafür zu sorgen, dass die Elterngeneration im Alter ein gesichertes Auskommen hatte und anständig behandelt wurde, und auch sicherzustellen, dass die gegebenen sozialen und ökonomischen Verhältnisse erhalten blieben. Besonders in Gesellschaften mit den höchsten Geburtenraten haben Kinder und Jugendliche oft überhaupt keine Chancen, sich zugehörig zu fühlen und einen Platz in der Gesellschaft zu finden; schlimmstenfalls werden sie Kindersoldaten in den Armeen der Warlords und anderen paramilitärischen Organisationen radikaler Bewegungen. Die damit verbundenen Traumatisierungen von Kindern und Jugendlichen zu verhindern, Kinderrechte als Menschenrechte zu begreifen und einzuklagen, ist in solchen »gespaltenen« Gesellschaften inzwischen auch aus Gründen des äußeren Friedens und der inneren Sicherheit notwendig.

»Natürlich« wollen alle Eltern im Grunde ihres Herzens, dass ihre Kinder in ihre Fußstapfen treten und dass sie es vielleicht sogar im Leben besser haben als sie selbst. Dafür haben sie uns *auf*gezogen und nach ihren Vorstellungen *er*zogen. Damit meine ich nicht nur ihre Wertmaßstäbe. Sie haben uns auch – bewusst oder unbewusst – nach dem Bild geformt, das sie sich von uns und von dem, was in uns steckt, gemacht haben.

Und selbst wenn wir dagegen als Jugendliche rebelliert haben und uns alle Mühe gegeben haben, anders zu werden als unsere Eltern und unseren eigenen Weg zu suchen und zu finden, so stellen wir doch – spätestens als Großeltern – fest, wie ähnlich wir im Lauf der Jahre unseren Eltern geworden sind, *obwohl* oder auch gerade *weil* wir uns ein Leben lang, vielleicht auf vielen Umwegen, innerlich mit diesen von uns internalisierten Bildern unserer Vorbilder auseinandersetzen mussten.

Siegfried Bernfeld, der erste psychoanalytische Pädagoge, nannte vor etwa 80 Jahren seine idealistischen pädagogischen Berufskollegen, die zu großen Menschheitsidealen erziehen wollten, abschätzig »Pädagogiker« (Bernfeld 1967). Er schrieb im Jahre 1925 sinngemäß: Erziehung ist und bleibt im Kern und in ihrer wesentlichen Funktion *konservativ* im Blick auf die sozialen, materiellen und psychischen Verhältnisse, unter denen sie stattfindet – in der Familie wie im öffentlichen Bildungswesen. Und selbst wo Erziehung auf Veränderung zielt, sorgt sie – transgenerativ – für den Erhalt dessen, was sie verändert: die bestehende Ordnung.

Das klingt zunächst recht ernüchternd, muss aber ergänzt werden. Denn in der Entwicklungstatsache, die Erziehung einerseits notwendig macht, ist andererseits auch angelegt, dass Heranwachsende sich gegen diese konservative Tendenz zur Wehr setzen. So gehört es von klein auf zum Wesen des Menschen, auch Nein sagen zu *können*, ja zu *müssen*, um ein selbstständiger Mensch zu werden. Deutlich wird dies im sogenannten Trotzalter und dann vor allem in der Pubertät, wo letztlich nur erfolgreich angeeignet werden kann, was zuvor heftig bekämpft und abgelehnt werden musste. Dies deutet auf ein dialektisches Grundprinzip in der menschlichen Entwicklung hin, das – aus meiner Sicht – mit der Grundpolarität unseres Daseins zusammenhängt: dem *lebens-*

langen Pendeln zwischen den Polen Autonomie und Verbundenheit. Besonders in der Pubertät kommt es zu großen inneren Spannungen. Während Jugendliche gegenüber ihren Eltern auf der intergenerativen Ebene auf Autonomie bestehen, suchen sie auf der intragenerativen Ebene die Verbundenheit mit ihren Peers.

In der Tradition der Humanistischen Pädagogik erfordert dies einen achtsamen, altersgemäßen Dialog, in dessen Verlauf sich Erziehung in Selbsterziehung und Selbst-Bildung verwandelt. Achtsam zu sein heißt: genau zu unterscheiden, in welchen Kontexten und unter welchen Bedingungen neue Entfaltungsräume für Leben und Bewusstsein eröffnet oder eingeschränkt werden.

Wie heftig dieser Konflikt der Ich-Werdung zwischen dem Wunsch nach Autonomie und Zugehörigkeit im Wechsel der Zeiten zum Ausdruck kommen kann, will ich an zwei Beispielen aus den Jahren 1896 und 2006 verdeutlichen.

Als Fünfzehnjähriger schreibt Hermann Hesse im Januar 1896 aus der Heilanstalt Stetten Briefe an seine Eltern in Calw:

»Überhaupt besteht die ganze Streiterei einfach darin, dass total verschiedene Meinungen da zusammentreffen, wo man Sympathie erwartet. Ihr seht nach diesem elenden Leben ein besseres, während ich mir's ganz anders denke und darum dies Leben entweder wegwerfen oder etwas davon haben möchte ... Papa nennt Stetten den ›besten‹ Ort, weil ich da dingfest bin und Ihr mich sicher los seid ... Ihr seid in Calw und nicht in Stetten, ich bin in Stetten und nicht in Calw. Ihr atmet eine andre Luft als ich, ›Hermann in Stetten‹ ist Euch fremd, ist Euer Sohn nicht ... Mein Vater konnte mich nicht brauchen und hat mich nach Stetten geschickt und damit basta. Da sitze ich, weil ich anderswo nicht sein darf, und weine über mich, während ich über den Inspektor lache. Ich lasse mich von ihm nicht zwingen. Wenn er erfährt, dass ich nicht im Garten oder im Livius arbeite, so gibt er mir zu wenig zu essen u. ä., vielleicht droht er auch mit Zellenhaft. Er mag's tun. Meine letzte Kraft will ich aufwenden, zu zeigen, daß ich nicht die Maschine bin, die man nur aufzuziehen braucht. Man hat mich mit Gewalt in den Zug gesetzt, he-

rausgebracht nach Stetten, da bin ich und belästige die Welt nimmer, denn Stetten liegt außerhalb der Welt. Im Übrigen bin ich zwischen den vier Mauern mein Herr, ich gehorche nicht und werde nicht gehorchen. *Wenn der Inspektor es merkt, wird es furchtbare Auftritte geben, ich werde geschunden werden, es geschieht ja alles* zu meinem Besten! *Fürs Elternhaus, für die Familie hat mich die Natur, wie mir scheint, nicht bestimmt, doch dürft Ihr nicht sagen wie Posa: ›Wie arm bist du, wie bettelarm geworden, Seitdem du niemand als dich selber liebst.‹ Dies verdiene ich nicht. Ich liebe mich selber, wie jeder, aber nicht deshalb kann ich hier nicht leben, sondern weil ich eine andere Atmosphäre brauche, um meinen Zweck als Mensch erfüllen zu können und – zu wollen«* (Hermann Hesse).[23]

Das zweite Beispiel ist ein Hip-Hop-Song, geschrieben in einer Justizvollzugsanstalt von Jugendlichen, die zu mehrjährigen Haftstrafen verurteilt wurden, und entstanden im Rahmen eines von Reinhard Nolle geleiteten medienpädagogischen Projekts im Frühjahr 2007 (Nolle 2007; vgl. Levend 2008):

VK: Verlorene Kinder. Sie stehen nicht im Leben. Es ist die dunkle Seite, die sie heutzutage durchleben. Bei diesen Zeilensplittern hier, tausende Gedanken. Ich erinnere mich an früher, an viele alte Bekannte. Sie durchlebten die schwarze Seite dieses Planeten; mussten über viele Steine gehen, versanken im Planeten, im Planeten des Drecks, Planeten der Erfahrung; sogar bis hin zur Endstation Sicherheitsverwahrung. Es sind Kinder, von ihren Eltern verlassen, von der ganzen Familie mal wieder im Stich gelassen. Sie stehen auf der Straß' mit nichts in den Händen, wissen nichts anzufangen. Wissen nicht, wo es endet. Vom Jugendamt ins Kinderheim abgeschoben; verlassen von sich selbst, fangen sie an mit harten Drogen; suchen ihre Familie im tiefsten Ghetto, bis hin zur schnellsten Gang, wortlos, lautlos ... Die Gang wird ihr Leben inspirieren. Verlassen vom Schicksal werden sie in einem Eisberg erfrieren. Als Eisberg werden sie im Knast enden und dort werden sie sich an die Bibel wenden. Von Gott nach langem neuem Mut geehrt, bemerken sie, sie haben ihr Leben entehrt. Ich hab viele Jahre diese Gleise durchlebt. Ich kann nur sagen: Für das Ende ist es niemals zu spät. Es sind verlorene Kinder, die diesen track verfassen. Sie sind nicht wie früher, sie sind jetzt erwachsen. Sie wissen jetzt, worauf's ankommt in diesem Leben. Sie wollen Euch ihre Erfahrung weitergeben. Nehmt sie an. Sie wissen doch am besten, wovon sie reden. Eins haben wir gelernt in diesem Leben: Man muss seine Kinder beschützen und ehren. Um ihnen etwas Bessres zu geben, muss man sie begehren. Ich hab diesen Knast überstanden durch meine Frau. Oh, ich kann nur zu ihr sagen: Respekt und Wow. Dafür werd ich sie für immer lieben. Love forever ist das, was wir leben. Vom Knast aus haben wir nach langem endlich Fuß gefasst. Nach Jahren freuen wir uns: die Entlassung vom Knast. Wir haben es geschafft, wir sind die Besten der Besten. Und mit diesen Zeilen will ich meinen Rap beenden« (song by Pierre, 2007).

Angesichts dieser Kinder und Jugendlichen brauchen wir heute – nicht nur für sie – Eltern, Lehrer und Erzieher, die sie in ganz anderer Weise als früher in ihren sozialen, emotionalen, geistigen und seelischen Krisen achtsam begleiten, sie unterstützen und ihnen Raum geben: mit Weisheit, Mitgefühl und einem offenen Herzen. Sie durch immer neue Leistungstests nur fit machen zu wollen für das globalisierte Rattenrennen, ist von Grund auf verkehrt und von Anfang an zum Scheitern verurteilt. Pädagogen und Erzieher, die ihren Beruf auch als spirituelle Aufgabe betrachten, müssen selbst innerlich wachsen an Selbsterkenntnis und Gewahrsein und lernen, auch für sich selbst liebevoll zu sorgen.

Therapie oder die Frage: Was kann ich werden? Wie finde ich den zu mir passenden Partner? Wie bin ich so geworden, wie ich bin? Wie will ich leben? Was will ich in meinem Leben ändern?

»Wir verlangen, das Leben müsse einen Sinn haben – aber es hat nur ganz genau so viel Sinn, als wir selber ihm zu geben imstande sind. Weil der Einzelne das nur unvollkommen vermag, hat man in den Religionen und Philosophien versucht, die Frage tröstend zu beantworten. Diese

Antworten laufen alle auf das Gleiche hinaus: den Sinn erhält das Leben einzig durch die Liebe. Das heißt: je mehr wir zu lieben und uns hinzugeben fähig sind, desto sinnvoller wird unser Leben«
(Hermann Hesse).[24]

Nicht wenige Menschen meiner Generation, die in Formen meditativer Selbstreflexion eine neue spirituelle Basis suchen, haben als Lehrer, Pädagogen und Theologen angefangen. Nicht selten war eine therapeutische Weiterbildung eine wichtige Zwischenstation auf dem Weg von einer traditionellen Kirchlichkeit zu einer meditativen spirituellen Praxis.

Viele dieser Biographien – auch meine eigene – kreisen also genau um die Themen dieses Artikels: Übergänge und Schnittflächen zwischen pädagogischer, politischer und therapeutischer Arbeit, eingebettet in einen spirituell-ökologischen Lebenskontext. Natürlich gibt es vielfältige Mischungen; niemand soll sich hier also abgestempelt oder angegriffen fühlen.

Dass Leiden aus buddhistischer Sicht keine Prüfung eines autoritären Vatergottes, sondern zu einem großen Teil selbst verursacht ist, und dass das Ziel unseres Menschseins darin besteht, eigenes und fremdes Leiden zu *lindern*, war für mich lange Zeit eine unverständliche, fast inakzeptable Vorstellung. Wende ich mich meinem eigenen Leiden zu und dem, das ich verursache, brauche ich auch keine anderen dafür verantwortlich zu machen, wie es mir geht, oder mich durch das Leiden eines anderen erlösen zu lassen. Die therapeutische Aufarbeitung der religiösen Prägungen meiner Kindheit war für mich – und nicht wenige Therapeuten meiner Generation – auch die Voraussetzung dafür, mich Jahre später in einem religiös entgifteten Kontext erneut spirituellen Fragen zuzuwenden.

In therapeutischer Arbeit geht es zunächst darum, die weithin unbewussten Muster aus unserer eigenen Erziehungsgeschichte aufzudecken, in denen wir uns mit anderen, vor allem mit unseren Partnern (und Kindern) allzu leicht verstricken. Viele dieser

Muster – neben den Beziehungen zu den Eltern vor allem die zu den Geschwistern – werden über Generationen vererbt. Im Hintergrund gilt es zumeist, die Balance zwischen den Wünschen nach Unabhängigkeit und den Wünschen nach Verschmelzung, nach Autonomie und Verbundenheit zu finden. Dies bedeutet im therapeutischen Kontext – in der Regel – vor allem eine Klärung der Beziehungen zu den eigenen Eltern, die eine Versöhnung mit ihnen und dabei mit abgespaltenen eigenen inneren Anteilen ermöglicht. Als Erwachsene versuchen wir häufig, diese Balance dadurch zu erreichen, dass wir einen Lebens- und Liebespartner suchen, den wir idealisieren können, entweder weil er oder sie alten Projektionen aus der eigenen Kindheit entspricht oder den Pol vertritt, der bei einem selbst weniger ausgeprägt ist.

Die therapeutische Bewusstmachung der eigenen Erziehungsgeschichte (und gegebenenfalls ihre Aufarbeitung, in manchen Fällen auch der religiösen Sozialisation, als Entgiftung) ist manchmal Voraussetzung und Grundlage für eine darauf aufbauende spirituelle Öffnung. Wird diese Phase übersprungen, muss es nicht, aber kann es (etwa in spirituellen Seminaren) zu neuen Abhängigkeiten von selbsternannten Gurus kommen, was neues Leiden an sich selbst und den eigenen Erlösungswünschen zur Folge haben kann. In selbstreflexiver pädagogischer und therapeutischer Arbeit landet man – meiner Erfahrung nach – früher oder später fast unvermeidlich bei spirituellen Themen. Hat man sich erst einmal befreit von einengendem traditionellen Ballast, kann man sich jenseits präpersonaler, kindlicher Verschmelzungsphantasien auf einer transpersonalen Ebene mit einem größeren Kontext verbinden, der vielleicht auch einen Weg zu den verschütteten Quellen des ursprünglichen eigenen religiösen Hintergrundes eröffnet. Nur wenigen Menschen scheint es – nach jahrelanger Ausbildung – zu gelingen, sich wirklich tief in einer religiösen Tradition zu verankern, die in einem anderen kulturellen Kontext entstanden ist.

Wenn Menschen in der Therapie eine Antwort auf die Fragen suchen: »Wie bin ich der geworden, der ich bin oder glaube zu sein? Wie will, wie kann ich mein Leben ändern?«, dann stellen sie diese Fragen meist aus einem tiefen Gefühl heraus, an sich selbst zu leiden. Dieses Leiden kann vielfältige Ursachen haben und verschiedene Formen annehmen. Hier ist – in meiner Erfahrung – der Übergang zwischen therapeutischer Arbeit und einer im weitesten Sinne spirituellen Praxis angesiedelt.

Meditation als spirituelle Praxis oder die Frage: Wer bin ich nicht mehr oder noch nicht? Was ist mein wahres Wesen, der tiefere Sinn meines Da-Seins? Was erwartet das Leben von mir? Was habe ich zu geben?

»Der Mensch ist ohne seinen Willen in diese Welt geworfen und wird ohne seinen Willen wieder aus ihr genommen ... Er muss *sein Leben* leben, *er* wird nicht *davon* gelebt. *Er ist* in *der Natur und geht doch* über sie hinaus*; er ist sich seiner selbst bewusst, und dieses Bewusstsein seiner selbst als Einzelwesen bewirkt, dass er sich unerträglich einsam, verloren und machtlos fühlt ... Die* Frage *ist immer die gleiche. Es gibt jedoch* verschiedene Antworten, *im Grunde nur zwei. Die eine versucht, die Isoliertheit zu überwinden und zur Harmonie zu gelangen durch Rückgang in den Zustand der Harmonie vor der Entstehung des Bewusstseins, das heißt, in den Zustand vor der Geburt. Die andere Antwort lautet, ganz geboren zu werden, das Bewusstsein, die Vernunft, die Fähigkeit zu lieben bis zu einem Grad zu entwickeln, dass man seine eigene egozentrische Einbezogenheit hinter sich lässt und zu einer neuen Harmonie, einem neuen Einssein mit der Welt gelangt«* (Erich Fromm).[25]

Wird man sich in der (pädagogischen oder therapeutischen) Selbstreflexion der Muster bewusst, die unsere Beziehungen zu uns selbst, zu unseren Mitmenschen und zur Welt im All-Tag bestimmen, wird uns – manchmal schlagartig und schmerzlich – bewusst, dass wir die meisten Konflikte, unter denen wir leiden, ständig selbst hervorbringen; dass das, was wir denken, empfinden und assoziieren, uns nur in Form der Produkte unseres eigenen Geistes zugänglich ist; dass das, was wir »Wirklichkeit« nennen, weithin ein *Konstrukt* unserer geistigen Tätigkeit ist. Dann stellt sich die Frage: Wer bin ich *wirklich* jenseits der Bilder, die ich mir von mir mache, oder die andere von mir *haben*?

Fängt man in dieser Weise an, über sich nachzudenken, d. h. erst einmal zu spüren, was da ist, aufkommende Gefühle, Gedanken und Assoziationen wahrzunehmen und deren innerem Zusammenhang nachzugehen, besteht allerdings die Gefahr, sich in endlosen Schlaufen von *bewertender Selbstbeurteilung* zu verlieren. Meiner Erfahrung nach hilft nur, sich dieser Bewegung zu überlassen und sie aufmerksam zu beobachten; im Fluss zu bleiben und gleichzeitig am Fluss zu sitzen, konzentriert zu beobachten und zu untersuchen, wie der Geist »funktioniert« und sich dabei mit Vorliebe in dualistischen Alternativen verfängt: »So bin ich, und so sollte ich sein oder möchte ich werden.«

Wie wir alle wissen, ist das Leben ebenso *unvorhersehbar* in dem, was es in Zukunft bringen wird, wie es *unbeständig* war in dem, was es in der Vergangenheit gebracht hat.

Einen ersten, kleinen Schritt zu innerer Freiheit können wir tun durch die Zurücknahme *unserer* Wünsche und Projektionen, wie die Welt sein soll, damit wir uns darin glücklich fühlen können. Entscheidend ist also, dass wir lernen, achtsam wahrzunehmen, *was und wie wir wahrnehmen*; vor allem, wieviel wir ständig abspalten; ob wir zulassen, was da ist; und zwar nicht in krampfhafter Selbstbeobachtung, sondern indem wir mit unserer *Wahrnehmung spielen* und den Versuch aufgeben, unsere Wahrnehmung dessen, was in der inneren oder äußeren Realität geschieht, zu *kontrollieren.* Denn eben dadurch vermeiden wir die Radikalität der *Erfahrung des Augenblicks*, die *unvorhersehbar, instabil* und *unmittelbar* ist und uns all der Sicherheiten beraubt, auf die unser Ich so sehr angewiesen scheint; der Sicherheiten, auf denen unser Selbstwertgefühl und unser Glück basieren. Das Handeln, das sich daraus ergibt, ist ebenso absichtslos wie achtsam und der Situation angemessen. Was dann geschieht, ist meist nicht Ergebnis einer planvollen Absicht, sondern ergibt sich aus einer inneren Offenheit und Durchlässigkeit, sich staunend – ohne Erwartung, Angst und Scham – von dem überraschen zu lassen, was uns begegnet und wirklich werden will. Dies kann in kleinen Ritualen des Alltag wie in den größeren Ritualen der Meditation geübt werden, im stillen Sitzen oder auch in Formen dialogischer Meditation.

Die Struktur dieser Rituale ist in vielen Traditionen und Konzepten ähnlich: in den Atem gehen; die eigenen Gedanken und Gefühle, Assoziationen und Körperempfindungen aus der Position eines »inneren Zeugen« ohne Bewertung wahrnehmen und im Flow vorüberziehen lassen wie eine Wolke am Sommerhimmel; die dahinterliegenden Annahmen und ihre Imperative (»Was darf nicht geschehen? Was muss geschehen?«) konstatierend aufmerksam wahrnehmen und sich der dahinterliegenden Konflikte bewusst werden. Es sind Momente des Innehaltens, der Besinnung auf das, was uns als Menschen verbindet und in einen größeren, über uns hinausgehenden Kontext einbindet und einbettet. Die Form selbst, das soziale Ritual, in dem etwas Unbestimmtes persönlich authentisch zur Sprache gebracht wird, tritt an die Stelle des religiösen Ritus, in dem ein bestimmter Glaubensinhalt bezeugt wird. Für post-religiöse Menschen liegt hier vielleicht der besondere Reiz, aber auch die Schwierigkeit einer nicht inhaltsgebundenen Meditation.

Meditation als eine traditionelle Form der (Selbst-)Erkenntnis kann aber auch zu regressiven Formen des Bewusstseins führen, wenn sie sich als Gegensatz einer kritischen Haltung gegenüber der Welt, ihren gesellschaftlichen Verhältnissen und den damit verbundenen Formen von Entfremdung versteht.

»Wenn Meditation dazu beiträgt, den Prozess des Erwachsenwerdens voranzutreiben, dann bietet sie die Möglichkeit, sich durch Kontakt mit der Unmittelbarkeit der eigenen Interpretationen und Voranannahmen bewusst zu werden. Kein gesellschaftlicher Lernprozess kann diese Unmittelbarkeit der individuellen Erfahrung ersetzen, aber andersherum sind die Merkmalsveränderungen in der Meditation nicht schon per se die Grundlage für gesellschaftliche Lernprozesse. Es gilt, der Interdependenz beider Praxen Rechnung zu tragen« (Keuffer 1991, 287).

Grenzflächen und Übergänge

»Das die Welt beobachtende Ich-Bewusstsein und das mystische Erleben der Einheit charakterisieren komplementäre Erfahrungsweisen des Menschen. Sie führen einerseits zu einer kritisch-rationalen Einstellung, in welcher der Mensch die Welt in ihrer Vielfalt verstehen, sie mit dem eigenen Denken erfassen will, andererseits zu einer irrational-mystischen Grundhaltung, in der er durch Hingabe und Meditation unmittelbar zum eigentlichen Wesen des Seins vorzudringen versucht. In der abendländischen Geschichte stehen diese beiden Grundhaltungen in einem ständigen fruchtbaren Wechselspiel« (Hans-Peter Dürr).[26]

Es geht nicht um innerlichen Rückzug von der Welt, aber auch nicht um den politischen Aktionismus, der sich darin verzehrt, die Verhältnisse zu ver(schlimm)bessern. Es geht überhaupt nicht um ein Entweder-oder, sondern um die vielperspektivische Wahrnehmung dessen, was ist, und um die Möglichkeit, die Potenzialität der Entwicklung des Einzelnen, unserer Gesellschaften wie der Lebensmöglichkeiten allen Lebens zu erhalten und zu fördern.

Erziehung kann Möglichkeiten autonomer und gemeinschaftlicher Identitätsbildung eröffnen, aber begrenzt diese im jeweiligen sozialen, kulturellen und ökonomischen Kontext.

Therapie kann verkrustete Muster und Strukturen bewusst machen, verflüssigen und empathische Begleitung in krisenhaften Übergängen anbieten, bedarf aber einer »integrativen Haltung«, um nicht selbst wiederum in den jeweiligen therapeutischen Menschenbildern und Konzepten befangen zu bleiben.

Meditation kann diese Konzepte in einer höheren Ordnung bzw. in einem weiteren Feld »auf-heben«, indem sie Ich-gebundene Konzepte relativiert und mit dem größeren Ganzen verbindet.

In allen drei Praxisfeldern geht es um achtsames Verhalten im Alltag, um einfühlsame Begegnung mit anderen Menschen, mit der natürlichen (Um-)Welt und sich selbst und letztendlich um die Überschreitung Ich-fixierter Konzepte und Haltungen. Es ist an der Zeit, dafür auch in unseren pädagogischen Institutionen innere und äußere Räume zu schaffen.

Wir sind gegründet und begrenzt im Irdischen, in den Bedingungen unseres Organismus und seiner sozialen und materiellen Umwelt, aber wir sind auch in der Lage, unsere Beschränktheiten und Konditionierungen zu erkennen und eine Sichtweise zu entwickeln, die über das hinausgeht, was wir »haben« und zu kennen glauben. Dies ist ein fortwährender Balanceakt der Begegnung an den Grenzen zwischen verschiedenen Praxisfeldern, zwischen uns und den anderen, zwischen uns und der Welt und last not least zwischen den verschiedenen Anteilen unserer eigenen Person.

Praxis der Spiritualität

Katharina Martin/Helmut Wetzel

»Tag und Nacht, was immer euch begegnet, es ist euer Leben« (Uchiyama 2007, 16).

Lehrer und Schüler

Eine klassische Zen-Geschichte erzählt von einem westlichen Professor, der sich zu einem Meister begibt, um mehr über den Zen-Buddhismus und Spiritualität zu lernen. Der Zen-Meister lädt ihn zum Tee ein. Er schenkt dem Gast Tee nach, bis die Tasse überläuft. Irritiert von der offenkundigen Unachtsamkeit des Meisters wird der Professor unruhig. Ehe er jedoch etwas sagen kann, erklärt der Meister freundlich: »Genauso ist es. Dein Wissen läuft bereits über. Wie kann ich dir da noch etwas geben?«

Leeren Sie ihre Tasse von all dem, was Sie über Spiritualität gehört und gelesen haben. Halten Sie die leere, offene Tasse, das alte Symbol des bescheidenen Anfangs, der alle Möglichkeiten enthält, in die der »Tee des Lernens« eingegossen werden kann. Auf dem Weg werden wir nicht nur Neuem, also dem Tee, sondern auch der »Tasse« begegnen: Wir sehen unsere Denkmuster, unsere Gewohnheiten sowie die Art, wie wir mit unserer Zeit und Energie umgehen. Wir werden der Brille gewahr, mit der wir gewöhnlich die Welt sehen und die Art, wie wir uns in ihr bewegen.

Diese offene, unvoreingenommene Einstellung zum Leben, die immer ein Lehren und Lernen zugleich ist, wird im Zen »Anfängergeist« genannt.

Einfach nur sitzen und atmen[27]

Finden Sie einen bequemen Platz zum Sitzen oder Liegen. Erlauben Sie sich jetzt, einfach aufrecht, solide und würdevoll zu sitzen, ohne irgendwelchen Ehrgeiz. Die einfache Aufgabe der Achtsamkeitsmeditation lautet seit Jahrtausenden: »Sie müssen einfach nur sitzen und atmen.« Also legen oder setzen Sie sich bequem hin und entspannen Sie alle Muskeln. Lassen Sie alle los, auch die im Gesicht, den Schultern, dem Nacken und dem Rücken. Dies sind Bereiche, in denen wir uns traditionell verspannen und es am wenigsten merken. Im Sitzen sollte die Wirbelsäule gerade und aufrecht sein. Strengen Sie sich aber nicht an. Üben Sie ohne Erwartung oder Pläne. Sind Sie nur aufmerksam, aufnahmebereit, wach und offen. Nehmen Sie alles so an, wie es kommt.

Richten Sie sich in ihrer Position bequem ein und werden Sie sich Ihres Atemflusses bewusst. Spüren Sie den Rhythmus des Ein- und Ausatmens und das Gefühl, wie der Atem in Ihren Körper hineinfließt und wie er ihn wieder verlässt. Werden Sie sich des Hebens und Senkens der Bauchdecke bewusst. Spüren Sie den Fluss Ihres Atems und den Luftzug an Ihren Nasenflügeln, wie die Luft ein- und ausströmt. Anstatt über Ihren Atem nachzudenken, erlauben Sie sich einfach, ihren Atem zu fühlen. Spüren Sie, wie er strömt und fließt. Jedes Mal wenn Sie bemerken, dass ihr Geist sich vom Bewusstsein des Atmens entfernt hat, kehren Sie freundlich und entschieden zu Ihrem Atmen zurück, zu der ständig fließenden Bewegung von Ein- und Ausatmen (vgl. auch Kabat-Zinn 1995 sowie Kornfield 1995).

Diese Seite von jener und jene Seite von dieser betrachten

Erinnern Sie sich? Vor noch nicht allzu langer Zeit waren Sie selbst Student oder Lehrling. Können Sie noch fühlen, wie es war, als Schüler im Klassenzimmer zu sitzen? Auf welche Erfahrungen, Themen und Geschichten waren Sie neugierig, mit welchem Wissen wären Sie gerne »gefüttert« worden? Wie hätte der Platz ausgesehen, den Sie im Herzen Ihrer Lehrer gebraucht hätten? Wann hätten Sie ihre Unterstützung am meisten gebraucht? An welchen Grenzen hätten Sie sich gerne gerieben, bei welchen Aufgaben hätten Sie gerne Ihre Kräfte gespürt und erprobt?

Versuchen Sie einen kurzen Moment, sich nicht als von ihren Schülern vollständig getrennte Person zu betrachten. Kinder teilen mit uns dasselbe Leben, die gleiche Welt. Sie werden den gleichen Weg, den wir als Schüler vor zwanzig oder mehr Jahren auch schon gegangen sind, gehen: freudig, gelangweilt, missmutig, interessiert, erschöpft, aufgeregt. Unsere Studentinnen und Studenten werden in zwanzig Jahren den Weg gehen, den wir heute gehen, als Fünfzigjährige, als Berufstätige, als Mutter oder Vater. Eines Tages werden unsere Schüler oder Ihre Kinder ebenso wie wir heute erwachsen sein, vielleicht auch Eltern oder Lehrerinnen.

Ein Schüler fragt den Meister: »Wie kann man mittels der buddhistischen Lehre den anderen Menschen helfen?« – »Mit der buddhistischen Lehre kann und soll man nur sich selbst helfen«, bekommt er zur Antwort. Aber weil es ein Schüler aus dem Westen ist, gibt er keine Ruhe und fragt weiter: »Und wie hilft man sich selbst?« – »Indem man den anderen hilft!«

Einswerden mit seinen Kindern oder Schülern, darauf kommt alles an. Solange man sich noch von ihnen getrennt fühlt, ist man der förderlichen Qualität spiritueller Praxis noch keinen Schritt nähergekommen. Natürlich sind wir körperlich, so sehen wir uns meistens und alltäglich, getrennt voneinander, zwei verschiedene Individuen. Ich bin erwachsen, habe Psychologie oder Mathematik studiert, ich bin Dozentin oder Lehrer. Sie, die Schüler, sind in der Pubertät, sind hier, um zu lernen, sind nur mittelmäßig an Psychologie oder gar nicht an Mathe interessiert. In unserer spirituellen Praxis versuchen wir aber, diese dualistische Sichtweise aufzugeben und so das Gemeinsame zu berühren, das Kind- oder Schülersein in uns selbst und das Lehrersein der Schüler zu entdecken. Durch Achtsamkeit und aufmerksame Kultivierung einer Haltung, die nicht unterscheidet, nicht gegenüberstellt oder bewertet, die das Gefühl der Verbundenheit pflegt, wächst man zusammen, wird Teil eines gemeinsamen Prozesses des Lebens und Lernens.

Das Herzstück aller spirituellen Wege des Ostens und der antiken Welt besteht darin, sich selbst zu studieren, zugleich Schüler und sich selbst Lehrer zu sein.

Lernwelt: Schule

Lehrerin zu sein ist heute eine große persönliche Aufgabe und Herausforderung. Lehrerinnen arbeiten und leben in einem Spannungsfeld widerstreitender Gefühle, stehen unter einem hohen Erwartungsdruck. Sie sind Projektionsfiguren von Schülern, Eltern und den Medien. Für viele ihrer Schüler sind sie die Repräsentanten von etwas, was ihnen nicht immer erstrebenswert erscheint. Sie müssen ihren Standort immer wieder neu bestimmen und behaupten. Sie müssen sich ständig in einem komplexen und oft undurchschaubaren Energie- und Gefühlsfeld bewegen, vergleichbar einem Künstler auf dem Hochseil.

Täglich muss die Lehrerin den Bogen schlagen zwischen dem Lehrplan und den Schülerbedürfnissen. Sie »spielt« wie ein Jongleur mit vielen Bällen: den eigenen Ansprüchen, den eigenen Gefühlslagen und dem professionellen Können. Jede Lehrerin steht im Brennpunkt geistiger und emotionaler Transformationsprozesse. Sie erfährt sie buchstäblich am eigenen Leib. Neben der rein fachlichen Fähigkeit, so glauben wir, erleichtern soziale, geistige und spirituelle Kompetenzen den Berufsalltag.

Eine spirituelle Praxis ist eine Form von Psychohygiene. Sie hilft immer wieder, an einen Ort innerer Klarheit zu kommen inmitten vieler Gefühle, Stimmungen und Anforderungen, die an uns herangetragen werden. Sie ist eine hilfreiche Methode, Stress zu reduzieren und zu bewältigen

Durch sie wird die tägliche Arbeit zu einem Ort der inneren Entwicklung. Jeden Tag lernen auch wir als Lehrer etwas hinzu. Indem wir unser Tun mit Achtsamkeit bekleiden, wird es selbst zur spirituellen Praxis. Ein achtsamer Lehrer kann die menschlichen Bedürfnisse der Schüler leichter und besser erkennen und anerkennen, auch wenn er sie nicht alle erfüllen kann. Das Lernklima wird freundlicher, was erwiesenermaßen Auswirkungen auf die Lernbereitschaft und Merkfähigkeit hat. Innere Stille, Offenheit und ein freundlicher, gewaltfreier Umgang mit sich selbst sind das natürliche »Gegengift« gegen Frust, Aggression und eskalierende Gewalttätigkeit. Wie Graf Dürckheim sagt, wird in der Stille der spirituellen, meditativen Erfahrung ein sich erfüllendes menschliches Leben möglich, was dem Lehrer zu mehr Lebensweisheit und natürlicher innerer Ruhe, Festigkeit und Klarheit verhelfen kann – Qualitäten, die im alltäglichen Umgang mit den Schülern nützlich und hilfreich sind.

Lexika, Wörter, Bücher

Ehe wir die Landkarte unserer spirituellen Reise weiterzeichnen, möchten wir kurz erläutern und reflektieren, was wir beide unter »spirituell« verstehen. Als wir zusammen mit einigen befreundeten Kolleginnen und Kollegen unsere Arbeitsgruppe gründeten und den Kongress vorbereiteten, haben wir immer wieder versucht, zu einer gemeinsamen Definition von Spiritualität zu kommen – vergeblich. Wir haben es schließlich aufgegeben. Das war vor allem für die Wissenschaftler unter uns ein wenig frustrierend.

Auch das Lexikon half wenig bei der Klärung, was mit dem Wort Spiritualität gemeint ist. Es wird bei den meisten Autoren irgendwo zwischen Religion und Esoterik angesiedelt. Das Herkunftswörterbuch führt uns zurück zu den lateinischen Wurzeln, zu *spiritus*: Hauch, Atem; Seele, Geist. Damit ist Spiritualität schon von der Grundbedeutung des Wortes her immer eine Sache der Beziehung zu unserem Körper, zu der Art, wie wir atmen, essen, stehen oder gehen. Der ursprüngliche Verweisungszusammenhang erschließt sich also nur in der Praxis des gelebten Alltags.

Ein anderer Versuch wäre ein Gang durch die Buchläden. Schlendert man in diesen Tagen durch eine Buchhandlung und sieht sich unvoreingenommen die Titel, die Gestaltung und Aufmachung der einschlägigen Literatur an, könnte leicht der Irrtum aufkommen, Spiritualität sei vorwiegend etwas sehr Abgehobenes, Esoterisches. Pastelltöne, vorzugsweise in rot-orange gehalten, »machen« Stimmung; man blickt in entspannte, nach innen gekehrte Gesichter meditierender Menschen. Bilder von den Höhen des Himalajas, zu den Weiten der Wüsten und Meere, Lotusblüten, Blätter des Ginkgo – sie alle transportieren eine immer gleiche Botschaft. Man ahnt die ins Auge gefasste Zielgruppe: gestresste, globalisierte Zeitgenossen, deren bürgerlich-säkularisierter Lebensentwurf brüchig geworden ist.

Das Gewahrwerden der Wirklichkeit, die klare Sicht auf die Realität, hat aber nicht nur eine beglückende, sondern auch eine sehr schmerzhafte Seite, die gerne verleugnet wird. Man wird unweigerlich des eigenen und des Leidens der anderen gewahr. Je mehr ich mit mir selbst in Berührung komme, mit dem glücklichen, unbeschwerten, freien Kind in mir, desto spürbarer wird auch das missachtete, beschämte, ausgegrenzte, verletzte innere Kind. Spiritualität ist die »Verabredung mit dem Leben« (Thich Nhat Hanh) in all seinen Facetten und Schattierungen.

Ideen und Vorstellungen

Als Europäer sind wir gewohnt, in Begriffen und Kategorien zu denken, Unterschiede zu sehen, auf das Trennende hinzuweisen. Normalerweise haben wir alle Ideen und Vorstellungen vom Glück, von Erfolg oder einem gelingenden, guten Leben. Wir denken, wenn dieses oder jenes erreicht ist, dann werden wir wahrhaft glücklich sein. Aber genau in dieser Verfassung werden wir das Glück und das Leben nie berühren, sondern immer nur unsere Ideen. Spirituelle Praxis ist nichts anderes, als mit der Freude und dem Glück als einer Realität in Berührung zu kommen. Jede Vorstellung, was wir, was unsere Kinder, unsere Schüler bräuchten, was sie glücklich machen würde, verfehlt schon im Ansatz das intendierte Ziel, ganz abgesehen davon, dass diese davon wiederum eigene Ideen haben. Betrachtet man es einmal genau, so wird man feststellen, dass jede Idee von Glück oder einem erfolgreichen Leben eigentlich unglücklich macht, weil Glück und das Gute unerreichbar bleiben.

Die Fähigkeit, das Glück in sich selbst zu berühren, kann man nicht lernen, sie kann von keinem anderen Menschen vermittelt werden. Jeder muss sie für sich selbst entdecken und praktizieren.

Für uns steht fest: Jeder Mensch hat ein spirituelles Potenzial, jeder Mensch stellt sich fundamentale, existenzielle, spirituelle Fragen und sucht darauf Antworten. Fragen, die sehr tief im Bedürfnis des Menschen wurzeln, den Sinn des Lebens zu begreifen. Woher kommen wir? Wohin geht unsere Reise? Gibt es einen Gott oder eine höhere Macht, die sich das alles ausgedacht hat und die das Universum lenkt? Antworten auf diese Fragen geben die Religionen. Aber erst wer sich aufmacht, das Leben in jeder Frage selbst zu suchen, begibt sich auf den spirituellen Weg. »Sie sind so jung, so vor allem Anfang, und ich möchte Sie, so gut ich es kann, bitten, lieber Herr, Geduld zu haben gegen alles Ungelöste in Ihrem Herzen und zu versuchen, die Fragen selbst lieb zu haben wie verschlossene Stuben und wie Bücher, die in einer sehr fremden Sprache geschrieben sind. Forschen Sie jetzt nicht nach den Antworten, die Ihnen nicht gegeben werden können, weil Sie sie nicht leben könnten. Und es handelt sich darum, alles zu leben. Leben Sie jetzt die Fragen. Vielleicht leben Sie dann allmählich, ohne es zu merken, eines fernen Tages in die Antwort hinein« (Rilke 1989; Brief vom 16. Juli 1903 an Franz Xaver Kappus, Worpswede bei Bremen).

Spirituelle Übungen sind keine Techniken im herkömmlichen Sinne, sondern eine Lebensweise. Auf dem spirituellen Weg berührt man das Leben und die Welt mit all seinen Sinnen, man übernimmt Verantwortung für sich und die anderen und entfaltet dabei seine Lebendigkeit (Föllmi/Föllmi 2003).

Im Grunde geht es um den Kontakt mit unserem wahren inneren Wesen, jenseits unseres kleinen Ich, das wir uns zurechtgelegt haben. Sinn allen Übens ist »die Transparenz für Transzendenz«, also offen zu werden für die Erfahrung der Einheit des Lebens, der großen Zusammengehörigkeit oder unserer eigenen geistigen Wesensnatur (vgl. Dürckheim 1994).

Spirituelle Praxis

Im 13. Jahrhundert hat Dogen (Eihei Dōgen Kigen Zenji), der Begründer der größten Schule des Zen-Buddhismus in Japan, eine der berühmtesten Anleitungen für die spirituelle Praxis geschrieben. In der Rahmengeschichte berichtet Dogen, wie er auf seiner Suche nach einem wahren Lehrer einem sehr bemerkenswerten älteren chinesischen Mönch begegnete. Sie kamen ins Gespräch, und der suchende Meister war von der Weisheit und der Klarheit seiner Rede fasziniert. Zu seiner großen Überraschung war dieser Mönch aber von seiner Gemeinschaft nicht mit Lehr- oder Leitungsaufgaben, sondern mit dem Amt des Kochs betraut worden.

In seiner kleinen Schrift »Tenzo Kyokun«, den knapp zwanzigseitigen »Anweisungen für den Koch«, beschreibt Dogen Grundhaltungen und Praxis einer spirituellen Lebensweise, also auch die ganz konkreten alltäglichen Handgriffe und Verrichtungen. Wie der überraschte Meister erfahren wir mehr über Spiritualität, wenn wir den Alltag eines wahrhaft spirituellen Menschen beobachten. Kochen, so der Mönch im Gespräch mit dem Meister, wird zu einer wunderbaren Metapher jeder spirituellen Praxis.[28]

Tenzo, der Koch und die Zutaten

Die Aufgabe des Kochs ist, Essen zu kochen und das Geschirr abzuwaschen. In der Erziehung geht es darum, die Sachen zu klären und die Personen, die Schüler zu stärken (vgl. von Hentig 1999), die Kinder zu unterstützen, ihre Weisheit, ihre Güte, ihr Glück und ihren Humor zu entdecken, sowie ihr Weltwissen zu entfalten.

Jede Lehrerin bestimmt jenseits aller Vorgaben und Lehrpläne auch für sich, was ihre Aufgabe ist. Dieser und keiner anderen muss sie sich täglich neu stellen. Sie und niemand anderes praktiziert Schule. Auf Grund unserer Rolle oder gewählten Profession wollen wir fördern, erziehen, lehren, ausbilden. Indem wir eine Position oder Rolle beziehen, setzen wir auch eine Brille auf, durch die wir unsere Welt sehen. Im alltäglichen Stress der vielfältigen Anforderungen unseres Berufs vergessen wir das sehr leicht und finden uns in einer Situation wieder, die einer der humorvollsten Beobachter menschlicher Schwächen mit seiner feinen Ironie beschreibt: »Als sie das Ziel aus den Augen verloren, verdoppelten sie ihre Anstrengung« (Mark Twain).

Jeder spirituelle Weg beginnt mit einer mutigen Bestandsaufnahme der eigenen Situation. Jede der großen spirituellen Traditionen weist zuerst den Weg zu sich selbst und in den gegenwärtigen Augenblick. Auch Meditation ist im Grunde genommen nichts anderes, als zurückzukommen zu sich selbst. Es ist eine Einladung, zu sehen, wer du in diesem Augenblick wirklich bist. Sie selbst sind die wichtigste Zutat des Mahls, das Sie bereiten.

Der Tenzo arbeitet mit dem, was er dort, wo er ist, gerade vorfindet. Nehmen Sie sich die Zeit und betrachten Sie mit großer Aufmerksamkeit und Ruhe Ihren Arbeitsplatz, die materielle Umgebung, in der Sie sich bewegen und die meiste Zeit Ihres professionellen Lebens aufhalten. Einen Platz in dieser Welt zu haben, ist von Beginn unseres Lebens eines unserer basalen menschlichen Bedürfnisse (siehe den Beitrag von Dauber). Jeder kennt den riesigen Unterschied, sich in einer Umgebung körperlich wohl- oder unbehaglich zu fühlen. Was brauchen Sie, um sich in Ihrer Schule, in Ihrem Klassenzimmer, in Ihrem Kollegium wohlzufühlen, um zu spüren, dass ein Platz Ihr Platz ist?

Experimentieren Sie, so oft Sie Lust dazu haben. Zelebrieren Sie Anfänge. Setzen oder stellen Sie sich bitte zu Beginn einer Stunde in einer möglichst bequemen Haltung vor Ihre Klasse. Hören und betrachten Sie mit großer Offenheit und Gelassenheit das, was sich gerade vor Ihren Augen und in Ihren Ohren abspielt, und genießen Sie den Moment des gemeinsamen Hier-Seins. Ändern Sie nichts! Gönnen Sie sich drei Atemzüge. Es braucht nicht immer den Gong der Klangschale. In Plum Village, dem spirituellen Zentrum des Zen-Meisters Thich Nhat Hanh, verwenden die Mönche einfach jedes Läuten eines Telefons oder Handys, als Signal, innezuhalten. Achtsames Atmen ist heilsam für den Geist und für den Körper. Jeder hat in sich die Kapazität zum tiefen und offenen Zuhören. Wie ein Koch nehmen wir, was uns zur Verfügung steht und was sich direkt vor unseren Augen befindet, und machen daraus das Bestmögliche. In jeder Stunde ist alles da, was Sie brauchen, um mit der Arbeit zu beginnen. Versuchen Sie, Ihren Schülern sorgsam und achtsam zu begegnen. Natürlich klingt das sehr viel einfacher, als es dann im täglichen Trubel umzusetzen ist.

Versuchen Sie es erst einmal zu Hause, in einer ruhigen Minute mit einer wunderbaren Vorübung aus der Tradition des Zen-Meisters Thich Nhat Hanh, den sechs Kontemplationen:

- Kinder sind ein Geschenk des ganzen Kosmos und des Lebens an sich selbst.
- Kinder sind Teil einer langen Folge von Generationen. Sie sind das »Produkt« der Freuden und Mühen, der Arbeit und des Glücks aller vorangegangenen Generationen. Sie sind auch die Vorfahren zukünftiger Generationen.
- Möge ich genug Energie, Kraft, innere Freiheit und Gelassenheit haben, sie zu ermutigen, in der Welt ihren Platz zu finden, der Welt, so wie sie jetzt und heute ist, offen zu begegnen und hoffnungsvoll ins Leben hinauszugehen.
- Möge ich die Kreativität, die Einsicht und das Wissen haben, sie zu inspirieren und anzuregen.
- Möge ich das Mitgefühl und die Ausdauer haben, ihnen zu helfen, ihre Geschichte anzunehmen und ihr Leiden zu transformieren.

– Ich tue mein Bestes und versuche, für diese Kinder so zu sorgen, dass wir alle den Weg der wechselseitigen Wertschätzung, des Verstehens, des Mitgefühls und der Freude realisieren können.

Kinder sind gleichberechtigt und gleichwürdig. Sie sind keine Mangelwesen oder Erziehungsobjekte. Sie haben die natürliche Mitgift eines »genetischen Gedächtnisses« (Pesso/Perquin 2008), das das gesamte »Überlebenswissen« all ihrer Vorfahren enthält. Sie sind also schon von Anfang an Überlebens-, Beziehungs- und Kommmunikationsweltmeister.

Die Schule des Lebens ist ein fehlerfreundliches System. Akzeptieren Sie, dass Sie auch manchmal verwirrt und irregeleitet sind – auch das ist Ihr wahres Selbst. Alle Eigenschaften, unsere eigenen und die unserer Schülerinnen (ob wir diese besonders mögen oder nicht), alles, was wir vorfinden, wird zu Zutaten für eine Lösung; Fehler und Schwächen sind dies ebenso wie Stärken und Fähigkeiten. Betrachten Sie ihre Unsicherheit und Zweifel nicht als Problem, sondern einfach als einen Zustand der Hingabe und Offenheit allem gegenüber, was ist. Entwerfen und bauen Sie Ihren Unterricht als fehlerfreundliches System.

In den ersten drei Jahren, im feinen Zusammenspiel mit den Eltern, lernt das Menschenbaby die wichtigsten Lektionen seines Lebens. Forscher filmten Mütter und ihre Kinder und stellen dabei fest, wie schnell und wie erstaunlich aktiv Säuglinge die Grammatik zwischenmenschlicher Beziehung aufgreifen, welche Musik sie erwarten und wie rasch sie diese lernen. Es ist faszinierend zu beobachten, wie sich Baby und Mutter begegnen, wie sie einen gemeinsamen Rhythmus, eine dynamische Balance und Ausgewogenheit entwickeln. Ein für alle überraschender Befund dieser Studien war, dass das eigentliche Fundament für die erste Schule des Lebens die Fähigkeit von beiden ist, gemeinsam mit den unvermeidlichen Störungen und Unterbrechungen dieses Tanzes umzugehen. Einmal aus dem Takt gekommen, versuchen sie elegant wieder Tritt zu fassen, Irritationen zu überwinden und die »Brüche« ihrer Zweisamkeit immer wieder zu kitten.

»Der Schöpfer hat uns so geschaffen, dass wir durch Versuch und Irrtum lernen. Der Pfad des Lebens, den wir gehen, ist sehr breit. Alles auf diesem Pfad ist heilig. Was wir richtig machen, ist heilig – aber unsere Fehler sind auch heilig. Dies ist die Art und Weise, wie der Schöpfer spirituelle Menschen lehrt. Uns zu kritisieren, wenn wir Fehler machen, entspricht nicht der indianischen Art. Von unseren Fehlern zu lernen ist der indianische Weg. Ein spiritueller Mensch wird definiert als jemand, der jeden Tag 40 oder 50 Fehler macht und nach jedem einzelnen Fehler mit dem Schöpfer darüber spricht, was er das nächste Mal tun soll. Das ist der Weg des spirituellen Kriegers« (der Mohikaner Don Coyhen, zitiert nach Wilson Schaef 1996, 89).

Jedes Mahl besteht aus Zutaten und Gewürzen. Auch wenn eine Situation unübersichtlich oder verwirrend ist, gibt es drei Dinge, die man immer tun kann, mit denen man selbst das Chaos würzen kann:

- Bewusstes Atmen: Wir können immer auf die einfache Funktion unseres Körpers zurückkommen, ohne die wir nicht leben würden und die er auch ohne unser Zutun erfüllt.
- Lächeln: Wir haben jederzeit die Möglichkeit, der Welt und uns selbst freundlich zu begegnen.
- Das Tempo verlangsamen: Wir müssen keineswegs immer sofort wie gewohnt reagieren, sondern können bewusst, atmend, offen, freundlich handeln.

Damit eröffnen Sie sich verschiedene Handlungsoptionen. In jeder noch so bedrängenden Situation liegt es auch an uns, welche Geste und Haltung wir wählen, welchen nächsten Schritt wir machen.

Gehen ist nicht eine Sache des Ankommens. Gehen ist nicht eine Sache des Ankommens, sondern eine Sache des Sich-Bewegens. Wenn man den Weg für das Ziel opfert, opfert man das Leben.

So sind auch Bildung und Erziehung, Lernen und Wissen ein Weg und nicht das Ziel. Es gibt keine unverrückbaren Punkte oder Zustände, die man erreichen soll oder bei denen man verweilen kann. »Tag und Nacht, was immer euch begegnet, es ist euer Leben« (Uchiyama 2007, 16).

Wie Menschen, Organisationen, Teams oder Familien, so tendieren auch Schulen dazu, zu dem Bild zu werden, das sie sich von sich selbst machen. Sie formulieren ein Ziel und konstruieren sich eine Realität. Ohne dies zu reflektieren, werden sie dadurch immer mehr selbst zu dieser Realität. Geschichten sind eine symbolische Repräsentation dessen, wie die Kollegen sich selbst und ihre Schule wahrnehmen. Sie werden zur Brille, durch die Wirklichkeit betrachtet wird, und prägen die Weise, wie sie im Gespräch weitergegeben wird. Durch das permanente Wiederholen dieser Geschichten festigt sich eine »Problemgeschichte«. Und oft endet die dominierende Geschichte einer Schule in einem diffusen Missmut oder einer Stimmung von Resignation und Hilflosigkeit. Daher ist es von großer Bedeutung, immer wieder auch angenehme Bilder von sich selbst zu entwickeln und sich die eigenen Potenziale bewusst zu machen.

Wir haben es als sehr nützlich erlebt, gemeinsam mit Kollegen nach den »life-giving forces« eines jeden Systems zu suchen, ein Konzept, das im Kontext einer wertschätzenden Organisationsberatung entwickelt und verfeinert wurde (Cooperrider/Barrett/ Srivastava 1995). Versuchen Sie es selbst einmal: Fragen Sie eine Kollegin, mit der Sie sich verbunden fühlen, ob sie eine halbe Stunde Zeit hat, und interviewen Sie sich gegenseitig zu Ihrer Tätigkeit an Ihrer Schule (vgl. Bonsen/Maleh 2001, 39):

»Um zu beginnen, erzähl' mir bitte einmal von deiner Anfangszeit an unserer Schule.

– Wann kamst du zu uns?
– Was hat dich zu uns hingezogen?

- Was waren deine ersten Eindrücke und was hat dich von Anfang an begeistert als du zu uns kamst?
- Bitte erinnere dich noch mal an die Zeit, die für dich die schönste war. Eine Zeit in der du besonders begeistert und motiviert warst, Zeiten, in denen du dich besonders wohl und lebendig bei uns fühltest, in der du das Gefühl hattest, etwas bewirken zu können.
- Wer war dabei?
- Was ermöglichte dieses Erlebnis?
- Was könnten wir daraus für Konsequenzen ziehen?
- Was schätzt du ganz besonders an deiner Arbeit, als Lehrerin an unserer Schule?«

Üben, Üben, Üben

Spirituelle Praxis ist die Kultivierung eines großen, offenen Herz-Geistes, aus dem heraus in jedem Moment des Lebens gehandelt wird. Spirituelle Praxis ist nichts »Heiliges«, sie ist etwas ganz Alltägliches, etwas ganz Gewöhnliches wie Atmen, Essen, Kochen, Lehren. Und jede achtsame Handlung pflegt und »gießt« diesen Geist. Leben wir achtlos oder getrieben einfach so vor uns hin, schwächen wir ihn. »Die Gesinnung der Suche nach dem Weg ist für einen Tenzo, seine Ärmel aufzurollen und wirklich zu arbeiten« (Uchiyama 2007, 14).

Am Ende ihres erfolgreichen Studiums in den Staaten wollte eine sehr talentierte japanische Geigerin wenigstens einmal die berühmte Carnegie Hall sehen. Auf ihrem Weg durch New York verirrte sie sich im Straßengewirr der Metropole. Sie fragte einen Passanten: »Entschuldigen Sie bitte, können Sie mir bitte sagen, wie ich in die Carnegie Hall komme?« – »Üben, üben, üben!«

»Ich denke, die Zeit ist reif, um jetzt im 21. Jahrhundert eine positive Entwicklung zu verfolgen, weg von den kriegerischen Auseinandersetzungen hin zu mehr Mitgefühl, zu mehr Dialogbereitschaft, und ich finde, gerade in Deutschland haben Sie hierzu viele Möglichkeiten und sind dazu aufgefordert, sie zu nutzen. Sie haben viele Erfahrungen gesammelt und daraus gelernt. Sie haben dieses Land aus den Trümmern der Weltkriege wieder aufgebaut, Sie haben den Wert der Demokratie schätzen gelernt, und deshalb empfehle ich Ihnen und bitte Sie, diese Werte auch mehr in die Welt hinauszutragen und sich in der Welt dafür zu engagieren. Das habe ich auch während meines Besuchs in Hamburg zum Ausdruck gebracht ... so können wir jetzt sagen: Das letzte Jahrhundert war ein Jahrhundert des Blutvergießens, und das gegenwärtige soll zu einem Jahrhundert des Dialogs werden. Es ist eine Tatsache, dass Probleme und Meinungsverschiedenheiten immer auftreten werden; das lässt sich wohl nicht vermeiden. Es wird also eine Methode gebraucht, wie wir sie konstruktiv lösen können. Der Dialog ist der einzige Weg. Und wenn man einen echten Dialog führt, dann muss man auch die Bedürfnisse und Rechte der anderen Seite mit einbeziehen. Diesen Geist können Sie verstärken und mithelfen, das Jahrhundert zu einem Jahrhundert des Dialogs zu machen.

Dalai Lama

Anmerkungen

Vorwort

1 Im Tibet-Kailash-Haus ist auch ein Mitschnitt der Rede Seiner Heiligkeit des 14. Dalai Lama zu erhalten.

Einleitung

2 Die Gedanken der Kongress-Planungsgruppe (www.erziehungs-perspektiven.de) sind hier mit eingeflossen. Dieser Gruppe gehörten an: Dipl.-Chem. Nicola Aly, Prof. Dr. Michael Charlton, Dipl.-Päd. Peter Ludorf, Dipl.-Psych. Katharina Martin, Dipl.-Biol. Wilfried Pfeffer, Prof. Dr. Wolfgang Roth, Dipl.-Päd. Lienhard Valentin, Carmen Wenkert M.A. und Dr. Helmut Wetzel. Ich bin sehr dankbar für die ungemein fruchtbare Zusammenarbeit, ohne die der Kongress und damit der vorliegende Band nicht möglich geworden wären!

1. Ein neues Verständnis vom Menschen

Die biologischen Grundlagen der Spiritualität

3 Literatur zum Weiterlesen und mit Hinweisen auf die in diesem Beitrag zusammengefassten, von anderen Autoren zu dieser Thematik veröffentlichten Befunde ist in meinen Veröffentlichungen im Literaturverzeichnis am Ende des Buches zu finden.

The Mindful Brain – das achtsame Gehirn

4 Übersetzung Barbara Hornfeld, Überarbeitung Gerald Hüther und Wolfgang Roth.

Von der Neurobiologie zur Psychologie

5 Wilber 2007. Er bezieht sich auf eine frühere Darstellung von ihm selbst sowie von Jack Engler und Daniel J. Brown (1986, deutsch 1988).

2. Wissenschaft, Spiritualität und Glaube

Spiritualität und Wissenschaft

6 Aristoteles hatte in seiner Wissenschaftstheorie, dem sog. Organon oder der zweiten Analytik (vgl. Aristoteles 1990) dargelegt, dass die Einsicht in die Grundlagen einer Schlussfigur nicht mehr induktiv durch Erfahrung zu leisten sei, sondern nur durch metaphysische Einsicht. Auf diese Aussage bezieht sich Bacon hier und meint, dass auch diese Grundlagen

durch Erfahrung zu erkennen seien, nämlich durch innere Erfahrung; siehe weiter unten. Dies ist selbstverständlich eine ausgesprochen radikale Haltung, die vermutlich so noch kaum von der Forschung zur Kenntnis genommen worden ist.

7 Vgl.: De speculis comburentibus (Bacon 1983, 349, 156ff.; Übersetzung H.W.)

8 Vgl.: Opus Majus, vol. 2, Pars Sexta De Scientia Experimentali (Bacon 1897, 169ff.; Übersetzung H.W.)

9 Ich habe in meiner Arbeit über Hugo de Balma die These vertreten, dass die allgemeine Vermutung, es handele sich um einen Kartäuserautor, wohl insofern zu korrigieren ist, dass es sich möglicherweise um einen Autor gehandelt hat, der zunächst aus franziskanischem Umfeld kam und erst später in die Kartause eingetreten ist. Möglicherweise wirkte er sogar in der Pariser Kartause. Dies sind allerdings Vermutungen, die ich aufgrund interner Textbelege angestellt habe und die nicht von externen Dokumentenbelegen gedeckt sind.

10 Sein Titel »Meister« Eckhart weist ihn als »magister«, als »Professor« aus. Er war seiner Zeit also vor allem wegen seiner intellektuell-theologischen Kapazität ein Begriff.

11 Die Prozentangaben beziehen sich auf drei verschiedene Fragen: »Glauben an eine höhere Wirklichkeit«, »Selbsteinstufung der eigenen Glaubenshaltung«, »eigene spirituelle Erfahrung«. Die jeweils komplementären Kategorien sind der besseren Lesbarkeit halber nicht berichtet. Ein vollständiger Bericht über diese Arbeit ist in Vorbereitung.

Glaube und Vernunft – Religion, Erziehung und Zivilgesellschaft in Europa

12 Vgl. den Artikel von G. Deutsch und S. Mannheimer in der Online-Version der Jewish Encyclopedia (www.JewishEncyclopedia.com).

13 Siehe den vom European Monitoring Centre on Racism and Xenophobia herausgegebenen Bericht »Muslims in the European Union: Discrimination and Islamophobia« vom 18. Dezember 2006.

14 In diesem Beitrag verwende ich die Ausdrücke »Zivilgesellschaft« und »Bürgergesellschaft« weitgehend synonym. Der aus dem Englischen übernommene Begriff »Zivilgesellschaft« (»civil society«) ist allerdings in einem auf Deutsch abgefassten Beitrag immer noch gewöhnungsbedürftig, nicht zuletzt deswegen, weil damit sehr unterschiedliche gesellschaftliche Phänomene bezeichnet werden. Umgekehrt ist »Bürgergesellschaft« von den Vorstellungen belastet, die Marx in seiner Kapitalismuskritik mit diesem Begriff verbunden hat.

15 Diese Idee vom Bürgerrecht als einem Privileg ist in der Schweiz als einer halbdirekten Demokratie besonders ausgeprägt. Nach der hier gültigen Einbürgerungspraxis wird das schweizerische Bürgerrecht (im Rahmen eines eidgenössischen Gesetzes) von den Gemeinden verliehen und die Stimmberechtigten einer Gemeinde legen fest, welches Organ (Behörde, Spezialkommission, Gemeindeversammlung oder Stimmbürger an der Urne) das Gemeindebürgerrecht verleiht. Kürzlich hat das Bundesgericht aber entschieden, dass ablehnende Entscheide begründet werden müssen, so dass sie angefochten werden können. Gegen diesen Bundesgerichtsentscheid hat die Schweizerische Volkspartei (SVP) eine Einbürgerungsinitiative lanciert, die den Einbürgerungsentscheid als politischen Akt des Gemeindesouveräns deklariert, der im Gegensatz zu einem Verwaltungsakt nicht angefochten werden kann. Bürgerrecht wird also als Privileg verstanden, das den Zugang zu direkt-demokratischen Rechten gewährt. Für die Initianten stellt ein Abweichen von dieser Idee eine »Verluderung« des Bürgerrechtsbegriffes dar. Die Gegner der Initiative hingegen machen geltend, dass mit dem Vorstoß der SVP die Idee der Demokratie zulasten des Rechtsstaates verabsolutiert wird (vgl. Neue Zürcher Zeitung vom 8. Juni 2007, 15).

16 Das Forschungsprojekt »Wettstreit, friedliche Koexistenz oder ›Zusammenprall der Kulturen‹? Integrationspotenziale und Konfliktfelder religiöser Vielfalt in Nordrhein-Westfalen«, kurz »Religiöse Vielfalt in NRW«, wird am Bochumer Lehrstuhl für Religionswissenschaft durchgeführt und gefördert vom Ministerium für Wissenschaft und Forschung des Landes Nordrhein-Westfalen. Zusammen mit 66 weiteren Forschungsteams aus ganz Europa ist der Lehrstuhl auch am Forschungsprogramm »Reemergence of Religion as a Social Force in Europe?« beteiligt.

17 In säkularen westlichen Demokratien haben sich zwei Konzepte staatlicher Neutralität gegenüber Religionen herausgebildet: zum einen das Konzept der distanzierenden Neutralität (exemplarisch in der französischen *laïcité* verwirklicht), das die Religion in den Bereich des Privaten verbannt; zum andern das Konzept der integrierenden Neutralität, das der Religion auch im öffentlichen Bereich Entfaltungsmöglichkeiten einräumt (siehe Böckenförde 2007).

18 Projekt »Ethik und Religionen« an der Pädagogischen Hochschule der Zentralschweiz, siehe Neue Zürcher Zeitung vom 23.03.2007, 17.

19 Angesichts des sich auch in Europa ausbreitenden Kreationismus ist diese zweite Forderung von besonderer Bedeutung. Sowohl im Straß-

burger Europarat wie im Hessischen Landtag wurden kürzlich die unterschiedlichen Auffassungen von Religion und Wissenschaft über Anfang, respektive Ursprung des Lebens diskutiert (siehe Neue Zürcher Zeitung vom 14./15.07.2007, 47).

3. Spiritualität und Hoffnung

Zivilisation – eine Krankheit, die durch Erziehung geheilt werden könnte

20 Übersetzung von Katrin Reuter.

4. Stufen und Wege zur Selbsterkenntnis

Erziehung – Therapie – Spiritualität

21 Gautama Buddha/Kalama Sutta, zitiert nach: Dalai Lama u. a. 1981, 3.

22 Hesse 1964, 550.

23 Hesse 1966, 259–261; Hervorhebung von H. D.

24 Hesse 1964, 465f.

25 Fromm in: ders./Suzuki/de Martino 1972, 113f.; Hervorhebungen von H. D.

26 Dürr 1986, 7.

Praxis der Spiritualität

27 Übung nach Santorelli 1999, 52. Die Übungen in diesem Text stammen aus vielen Quellen: aus Lehrreden der Meister verschiedener Traditionen, aus Seminaren, an denen wir teilgenommen haben, und aus Veröffentlichungen. Wir haben sie als Lehrende selbst erprobt und finden sie für unsere eigene Arbeit sehr hilfreich. Die wichtigsten veröffentlichten Quellen führen wir im Folgenden auf; sie dienen zur Vertiefung und Weiterführung: Bucher 2007; Bonsen/Maleh 2001; Cooperrider/Barrett/Srivastava 1995; Dürckheim 1994; Fölmi/Fölmi 2003; Girg 2007; Glassman/Fields 1997; von Hentig 1999; Intersein 2007; Kabat-Zinn 1995; Kornfield 1995; Pesso/Perquin 2008; Rilke 1989; Santorelli 1999; Suzuki 1975; The Mindfulness Bell 2003; Thich Nhat Hanh 1987.1995a. 1995b. 1999.2002; Uchiyama 2007; Varela 1994; Wilson Schaef 1996.

28 Alle Zitate aus »Tenzo Kyokun« sind der Übersetzung von Uchiyama 2007 entnommen

Literatur

Acar, M. (2003), Vergleich des deutschen und des türkischen Bildungssystems, Diss. PH Freiburg i. Br.

Aristoteles (1990), Lehre vom Beweis oder Zweite Analytik (Organon IV), Hamburg.

Asendorpf, J. (2007), Psychologie der Persönlichkeit, 3. Aufl., München/NewYork.

Bacon, R. (1897), The Opus Majus of Roger Bacon, 2 vols., Oxford.

Bacon, R. (1983), Roger Bacon's Philosophy of Nature. A Critical Edition (ed. D.C. Lindberg), with English Translation, Introduction, and Notes, of De multiplicatione specierum and De Speculis comburentibus, Oxford.

Barber, B. (2008), Consumed! Wie der Markt Kinder verführt, Erwachsene infantilisiert und die Demokratie untergräbt, München.

Bauer, J. (2006), Prinzip Menschlichkeit. Warum wir von Natur aus kooperieren, Hamburg.

Bernfeld, S. (1967), Sisyphos oder die Grenzen der Erziehung, Frankfurt/M.

Bertelsmann Stiftung (Hg.) (2008), Religionsmonitor 2008, Gütersloh.

Bilz, R. (1971), Paläo-Anthropologie. Der neue Mensch in der Sicht einer Verhaltensforschung, Frankfurt/M.

Blackbourn, D. (1997), Wenn ihr sie wieder seht, fragt wer sie sei. Marienerscheinungen in Marpingen. Aufstieg und Niedergang des deutschen Lourdes, Hamburg.

Blüm, N. (2007), Gerechtigkeit. Eine Kritik des Homo oeconomicus, 2. Aufl., Freiburg i. Br.

Blumer, H. (1975), Outline of Collective Behavior, in: Evans, R.R. (ed.). Readings in Collective Behavior, Second ed., Chicago, 22–45.

Böckenförde, E.-W., Wie können die Religionen friedlich und frei beisammen leben? Neue Zürcher Zeitung 23./24.06.2007, B1.

Bonsen, M./Maleh, C. (2001), Appreciative Inquiry (AI), Weinheim.

Bucher, A. (2007), Psychologie der Spiritualität. Handbuch, Weinheim.

Bundeszentrale für gesundheitliche Aufklärung (Hg.) (2002), Achtsamkeit und Anerkennung. Materialien zur Förderung des Sozialverhaltens in der Grundschule, Köln.

Caputo, J.D./Scanlon, M.J. (eds.) (2005), Augustine and Postmodernism: Confessions and Circumfession, Bloomington/Indianapolis.

Cooperrider, D.L./Barrett, F./Srivastava, S. (1995), Social Construction and Appreciative Inquiry. A Journey in Organisational Theory, in: Hosking, D. M. et al. (eds.), Management and Organization. Relational Alternatives to Individualism, Aldershot.

Dalai Lama u. a. (1981), Wege zur universellen Verantwortung, in: Tushita 2. Nach mündlichen Übermittlungen der Tibetanischen Tradition, Rheinberg.

Dalai Lama (2000), Das Buch der Menschlichkeit. Eine neue Ethik für unsere Zeit, Bergisch Gladbach.

Ditfurth, H. von (1985), So lasst uns denn ein Apfelbäumchen pflanzen. Es ist soweit, Hamburg/Zürich.

Dürckheim, K. (1994), Der Alltag als Übung, Bern.

Dürr, H.-P. (Hg.) (1986), Physik und Transzendenz, Bern/München/Wien.

Eco, U./Sebeok, T. A. (1985), Der Zirkel oder im Zeichen der Drei: Dupin, Holmes, Peirce, Supplemente, Bd. 1, München.

Fest, J. (2007), Bürgerlichkeit als Lebensform. Späte Essays, Reinbeck.

Fiedler, K., et al. (2008), Psychologie im 21. Jahrhundert eine Standortbestimmung, in: Gehirn&Geist, Dossier 1, 26–37.

Flasch, K. (1989), Aufklärung im Mittelalter? Die Verurteilung von 1277. Das Dokument des Bischofs von Paris, Mainz.

Föllmi, D./Föllmi, O. (2003), Die Weisheit des Buddhismus Tag für Tag, München.

Frankl, V. E. (1972), Der Mensch auf der Suche nach Sinn, Stuttgart.

Frankl, V. E. (2005a), Der leidende Mensch. Anthropologische Grundlagen der Psychotherapie, Bern (Erstauflage 1975).

Frankl, V. E. (2005b), Logotherapie und Existenzanalyse, Weinheim (Erstauflage 1987).

Frankl, V. E. (2005c), Gesammelte Werke, Teilband 1: ... trotzdem Ja zum Leben sagen. Ausgewählte Briefe 1945–1949. Hg. von Batthyany, A./Biller, K.-H./Fizzotti, E., Wien.

Frankl, V. E. (2006a), Das Leiden am sinnlosen Leben. Psychotherapie für heute, Freiburg i.Br. (Erstauflage 1978).

Frankl, V. E. (2006b), Der Mensch vor der Frage nach dem Sinn. Eine Auswahl aus dem Gesamtwerk, München (Erstauflage 1979).

Frankl, V. E. (2006c), Gesammelte Werke, Teilband 2: Psychologie des Konzentrationslagers/Synchronisation in Birkenwald. Ausgewählte Texte 1945–1993. Hg. von Batthyany, A./Biller, K.-H./Fizzotti, E., Wien.

Fromm, E./Suzuki, D. T./de Martino, R. (1972), Zen-Buddhismus und Psychoanalyse, Frankfurt/M.

Gadamer, H. G. (1975), Wahrheit und Methode. Grundzüge einer philosophischen Hermeneutik, 4. Aufl., Tübingen.

Gigerenzer, G. (2007), Bauchentscheidungen. Die Intelligenz des Unbewussten und die Macht der Intuition, München.

Girg, R. (2007), Die integrale Schule des Menschen, Regensburg.

Glassman, B./Fields, R. (1997), Anweisungen für den Koch. Lebensentwurf eines Zen-Meisters, Hamburg.

Grundmann, H. (1977), Religiöse Bewegungen im Mittelalter, Darmstadt.

Gudjons, H./Wagener-Gudjons, B./Pieper, M. (2008), Auf meinen Spuren. Übungen zur Biografiearbeit, 7. Aufl., Bad Heilbrunn.

Habermas, J. (1999), Wahrheit und Rechtfertigung. Philosophische Aufsätze, Frankfurt/M.

Habermas, J. (2001), Glauben und Wissen, Friedenspreis des Deutschen Buchhandels 2001, Frankfurt/M.

Hentig, H. von (1999), Die Menschen stärken, die Sachen klären, Stuttgart.

Hesse, H. (1964), Briefe. Erweiterte Ausgabe, Frankfurt/M.

Hesse, H. (1966), Kindheit und Jugend vor Neunzehnhundert. Hermann Hesse in Briefen und Lebenszeugnissen 1877–1895, Frankfurt/M.

Hissette, R. (1977), Enquête sur les 219 articles condamnés à Paris le 7 mars 1277, Philosophes Médiévaux 22, Louvain.

Hofmann, C. (2004), Achtsamkeit. Anregungen für ein sinnvolles Leben, Stuttgart.

Hofmann, L./Möckelmann, B./Walach, H. (2003), Entwicklung und empirische Validierung einer Skala zur Erfassung der Einstellung von Psychotherapeuten zum Verhältnis von Psychotherapie und Spiritualität/ Religiosität, in: Belschner, W./Hofmann, L./Walach, H. (Hg.), Auf dem Weg zu einer Psychologie des Bewusstseins, Oldenburg, 113–154.

Hüther, G. (1997), Biologie der Angst, Göttingen.

Hüther, G. (1999), Die Evolution der Liebe, Göttingen.

Hüther, G. (2001), Bedienungsanleitung für ein menschliches Gehirn, Göttingen.

Hüther, G. (2004), Die Macht der inneren Bilder, Göttingen.

Hüther, G./Krens, I. (2005), Das Geheimnis der ersten neun Monate, Düsseldorf.

Husserl, E. (1977), Die Krisis der europäischen Wissenschaften und die transzendentale Philosophie, Hamburg.

Hyland, M. E. et al. (2006), Spirituality Predicts Outcome Independently of Expectancy Following Flower Essense Self-Treatment, Journal of Psychosomatic Research 60, 53–58.

Intersein. Zeitschrift für achtsames Leben in der Dhyana-Tradition von Thich Nhat Hanh, Themenheft 30 (2007): Eltern.

Kabat-Zinn, J. (1995), Heilsame Umwege. Meditative Achtsamkeit und Genesung, München.

Kant, I. (1964), Beantwortung der Frage: Was ist Aufklärung? in: ders., Werke in sechs Bänden. Band VI: Schriften zur Anthropologie, Geschichtsphilosophie, Politik und Pädagogik, Wiesbaden (Erstausgabe 1783), 53–61.

Karrer, O. (1925), Die Verurteilung Meister Eckharts, Hochland 23, 660–677.

Karrer, O./Piesch, H. (1927), Meister Eckharts Rechtfertigungsschrift vom Jahre 1326, Erfurt.

Keuffer, J. (1991), Buddhismus und Erziehung. Eine interkulturelle Studie zu Tibet aus erziehungswissenschaftlicher Sicht, Münster/New York.

Kirk, K. M./Eaves, L. J./Martin, N. G. (1999), Selftranscendence as a Measure of Spirituality in a Sample of Older Australien Twins, Twin Research 2, 81–87.

Koch, J. (1930), Philosophische und theologische Irrtumslisten von 1270–1329, in: ders., Kleine Schriften, Bd. 2, Rom, 423–450.

Koch, J. (1959), Kritische Studien zum Leben Meister Eckharts, in: ders., Kleine Schriften. Bd. 1, Rom, 247–348.

Kornfield, J. (1995), Frag den Buddha und geh den Weg des Herzens, München.

Larson, E. J./Witham, L. (1998), Leading Scientists Still Reject God, Nature 394, 313.

Latour, B. (2000), Die Hoffnung der Pandora. Untersuchungen zur Wirklichkeit der Wissenschaften, Frankfurt/M.

Laudan, L. (1981), Science and Hypothesis, Dordrecht.

Leff, G. (1968), Paris and Oxford Universities in the Thirteenth and Fourteenth Centuries. An Institutional and Intellectual History, New York/London.

Levend, H. (2008), Wie bin ich so geworden wie ich bin? Biografische Spielfilmarbeit verhilft straffälligen Jugendlichen, Psychologie Heute, Jg. 35, Heft 4, 70–75.

Lyotard, J.-F. (1986), Das postmoderne Wissen. Ein Bericht, Graz.

Nolle, R. (2007), Forschungsprojekt »Prozessorientierte biografische Medienarbeit mit jugendlichen Strafgefangenen«, Universität Kassel – JVA Wiesbaden (unveröffentlichter Bericht der Universität Kassel).

Olson, C./Kuttner, L. (2008), Grand Theft Childhood: The Surprising Truth About Violent Video Games and What Parents Can Do, New York.

Opp, G./Fingerle, M./Freytag, A. (Hg.) (1999), Was Kinder stärkt. Erziehung zwischen Risiko und Resilienz, München/Basel.

Perry, J. B., Jr./Pugh, M. D. (1978), Collective Behavior. Response to Social Stress, St. Paul.

Pesso, A./Perquin, L. (2008), Die Bühnen des Bewusstseins. Oder: Werden, wer wir wirklich sind, München.

Porète, M. (1986), Margaretae Porete Speculum Simplicium Animarum, Corpus Christianorum Continuatio Mediaevalis 69, Tournhout.

Ramadan, T. (2004), Western Muslims and the Future of Islam, Oxford.

Rilke, R.M. (1989), Briefe an einen jungen Dichter, Frankfurt/M.

Roth, G. (2007), Persönlichkeit, Entscheidung und Verhalten. Warum es so schwierig ist, sich und andere zu ändern, 3. Aufl., Stuttgart.

Roth, W. (2004), 33 Theorien des Glücks, in: PH-FR, Nr. 4, 7–9.

Roth, W. (2006a), Sozialkompetenzen fördern – in Grund- und Sekundarschulen auf humanistisch-psychologischer Basis, Bad Heilbrunn.

Roth, W. (2006b), Humanistische Konzepte der Beratung, in: Steinebach, Christoph (Hg.), Handbuch psychologischer Beratung, Stuttgart, 192–215.

Santorelli, S. (1999), Zerbrochen und doch ganz. Die heilende Kraft der Achtsamkeit, Freiamt.

Schleifer, H. (1996), Sinnorientierte Psychologie und Pädagogik, München.

Schmidt, W. (2007), Glück – alles, was Sie darüber wissen müssen, und warum es nicht das Wichtigste im Leben ist, Frankfurt/M.

Seligman, M. (1979), Erlernte Hilflosigkeit, München.

Seufert, G., Gott oder Atatürk – und kein Weg dazwischen? Neue Zürcher Zeitung, 16.05.2007, 43.

Shea, W. R./Artigas, M. (2006), Galileo Galilei. Aufstieg und Fall eines Genies, Darmstadt.

Siegel, D./Hartzell, M. (2004), Gemeinsam leben – gemeinsam wachsen, Freiburg i. Br.

Siegel, D. (2006), Wie wir werden, der wir sind. Neurobiologische Grundlagen subjektiven Erlebens und die Entwicklung des Menschen in Beziehungen, Paderborn.

Siegel, D. (2007), Das achtsame Gehirn, Freiburg i. Br.

Singer, W./Ricard, M. (2008), Hirnforschung und Meditation. Ein Dialog, Frankfurt/M.

Slunecko, T. (1996), Wissenschaftstheorie und Psychotherapie. Ein konstruktiv-realistischer Dialog, Wien.

Song by Pierre (2007), in: vk – records by Ayiaz, Antony, Pierre, Fils, Ralf, Wiesbaden .

Southern, R. W. (1986), Robert Grosseteste. The Growth of an English Mind in Medieval Europe, Oxford.

Sri Sathya Sai World Foundation (2007), Global Overview of Sri Satya Sai Education, Arcadie

Storch, M./Cantieni, B./Tschacher, W./Hüther, G. (2006), Embodiment, Bern.

Suzuki, S. (1975), Zen Geist – Anfänger Geist, Zürich.

Tarnas, R. (1998), Ideen und Leidenschaft. Die Wege des westlichen Denkens, 3. Aufl., Hamburg.

The Mindfulness Bell. A Journal of the Art of Mindful Living, vol. 33 (2003): Education, Healing, Sacred Clowning.

Thich Nhat Hanh (1987), Interbeing. 14 Guidelines for engaged buddhism, Berkeley.

Thich Nhat Hanh (1995a), Buddha und Christus heute. Verbindende Elemente von Buddhismus und Christentum, München.

Thich Nhat Hanh (1995b), Schlüssel zum Zen. Der Weg zu einem achtsamen Leben, Freiburg i. Br.

Thich Nhat Hanh (1999), Call Me by My True Names. The Collected Poems of Thich Nhat Hanh, Berkeley.

Thich Nhat Hanh (2002), Worte der Achtsamkeit, Freiburg i. Br.

Uchiyama, K. R. (2007), Zen für Küche und Leben. Kommentare zu Zen-Meister Dogens »Tenzo Kyokun« Anweisungen für den Koch, Frankfurt/M.

Varela, F. (1994), Ethisches Können, Frankfurt/M.

Vattimo, G. (1988), The End of Modernity. Nihilism and Hermeneutics in Post-modern Culture, Cambridge.

Verdeyen, P. (1986), Le procès d'inquisition contre Marguerite Porète et Guiard de Cressonessart (1309–1310), Revue d'Histoire ecclésiastique 81, 47–94.

Walach, H. (1994), Notitia experimentalis Dei – Erfahrungserkenntnis Gottes. Studien zu Hugo de Balmas Text »Viae Sion lugent« und deutsche Übersetzung, Salzburg.

Walach, H. (1996), Notitia experimentalis Dei – Was heißt das? – Hugo de Balmas Begriff der Erfahrungserkenntnis Gottes – Versuch einer Rekonstruktion, in: Hogg, J. (ed.), The Mystical Tradition and The Carthusians, vol. 5, Salzburg, 45–66.

Walach, H. (2005), Psychologie: Wissenschaftstheorie, philosophische Grundlagen und Geschichte, Stuttgart.

Walach, H. (2007), The Epistemological Status of Transpersonal Psychology – the Database Argument Revisited, Transpersonal Psychology Review 11(1), 99–110.

Walach, H. (2008), Wissenschaft als Entdeckungsreise – mein Begriff von Wissenschaft, in: Yousefi, H. et al. (eds.), Wege zur Wissenschaft: Eine interkulturelle Perspektive. Grundlagen, Differenzen, Interdisziplinäre Dimensionen, Nordhausen, 375–399.

Walach, H./Kohls, N./Belschner, W. (2005), Transpersonale Psychologie – Psychologie des Bewusstseins: Chancen und Probleme, Psychotherapie, Psychosomatik, medizinische Psychologie 55, 405–415.

Waller, N. G. et al. (1990), Genetic and Environmental Influences on Religious Interests, Attitudes, and Values: A Study of Twins Reared Apart and Together, Psychological Science 1, 138–142.

Westacott, E. (1953), Roger Bacon in Life and Legend, London.

White, M. (1997), Isaac Newton: The Last Sorcerer, London.

Wilber, K. (2007), Integrale Spiritualität. Spirituale Intelligenz rettet die Welt, München.

Wilber, K./Engler, J./Brown, D. (1988), Psychologie der Befreiung. Perspektiven einer neuen Entwicklungspsychologie – in östlicher und westlicher Sicht des menschlichen Reifungsprozesses, München.

Wirth, U. (1996), Abduktion und ihre Anwendungen, Zeitschrift für Semiotik 17, 405–424.

Wilson Schaef, A. (1996), Botschaften der Urvölker, Fulda.

Wundt, W. (1912), Einführung in die Psychologie, Bonn.

Kurzbiographien der Autoren und Herausgeber

von Brück, Michael, Professor für Religionswissenschaft an der Universität München, Yoga- und Zen-Lehrer; Leiter des Interfakultären Studiengangs Religionswissenschaft an der Ludwig-Maximilians-Universität München, zahlreiche Publikationen zu Buddhismus, Hinduismus und dem interreligiösen Dialog, zuletzt: Bhagavad Gita (2007), Einführung in den Buddhismus (2007), Ewiges Leben oder Wiedergeburt? Sterben, Tod und Jenseitshoffnung in europäischen und asiatischen Kulturen (2007).

Dauber, Heinrich, geb. 1944, Dr. phil., Grund- und Hauptschullehrer, Zweitstudium Psychologie, Erziehungswissenschaft und ev. Theologie; seit 1978 Professor für Erziehungswissenschaft an der Universität Kassel; grad. Psychotherapeut: Gestalttherapie/Integrative Leib- und Bewegungstherapie; Playbacktheater (School of Playback Theatre New York, grad. practitioner IPTN). Gründungsmitglied und langjähriger Sprecher der Kommission »Pädagogik und Humanistische Psychologie« in der Deutschen Gesellschaft für Erziehungswissenschaft (DGfE).

Hüther, Gerald, Dr. rer. nat. Dr. med. habil., ist Professor für Neurobiologe und leitet die Zentralstelle für Neurobiologische Präventionsforschung der Psychiatrischen Klinik der Universität Göttingen und des Instituts für Public Health der Universität Mannheim/Heidelberg. Wissenschaftlich befasst er sich mit dem Einfluss früher Erfahrungen auf die Hirnentwicklung, mit den Auswirkungen von Angst und Stress und der Bedeutung emotionaler Reaktionen. Er ist Autor zahlreicher wissenschaftlicher Publikationen und populärwissenschaftlicher Darstellungen (Sachbuchautor).

Martin, Katharina, Diplompsychologin; Lehrtherapeutin für Gestalttherapie und Kunsttherapie. Seit 1971 in der Aus- und Weiterbildung von Psychologen und Pädagogen tätig, ebenso in privater psychologischer Praxis. Langjähriges Studium buddhistischer und christlicher Übungswege. Leiterin des Vereins für Essentielle Gestaltarbeit in Freiburg und der »Kreativwerkstatt Karlstraße«.

Naranjo, Claudio, geb. 1932 in Chile, studierte dort Medizin und Psychiatrie; kam in den 60er-Jahren nach Kalifornien, Gestalttherapie-Ausbildung bei Fritz Perls, hat die Gründerjahre des Esalen-Instituts mit gestaltet. Begründer des SAT, einer integrativen psycho-spirituellen Schule und Begründer der nach ihm benannten Stiftung für Innovative Erziehung. 20 Buchveröffentlichungen.

Roth, Wolfgang, Dr. phil., Diplompsychologe, bis 2004 Prof. an der PH Freiburg i. Br., Lehraufträge an den Universitäten Gießen und Verona; Arbeitsbereiche: Interkulturelles Konfliktmanagement; Humanistische Psychologie und Pädagogik; Förderung sozialer Kompetenz. Gründung und 30 Jahre Leitung von »Südwind Freiburg« (»Ausländer-Initiative«), Koordination der Kongress-Planungsgruppe.

Siegel, Daniel J., M.D.; Absolvent der Harvard Medical School und Direktor des Mindsight Instituts in Los Angeles; Co-Direktor des UCLA Mindful Awareness Research Institute und Mitglied des Center for Culture, Brain, and Development. Begründer und Herausgeber der Norton Series on Interpersonal Neurobiology. Mehrere Bücher – auch auf Deutsch – zum Thema Neurobiologie und Erziehung.

Wagner, Antonin, Professor Dr. oec. publ. und lic. theol.; lehrt an der New School in New York; befasst sich mit Fragen des Wohlfahrtsstaates und der Zivilgesellschaft. Seine letzte Publikation (2008) ist unter dem Titel »Religion and Civil Society: A Critical Reappraisal of America's Civic Engagement Debate« im *Nonprofit and Voluntary Sector Quarterly* erschienen.

Walach, Harald, Prof. Dr. Dr., Dipl. Psych.; Research Professor in Psychologie an der Universität von Northampton, wo er den Postgraduiertenstudiengang »MSc Transpersonal Psychology/Consciousness Studies« entwickelt hat. Seine Interessen beinhalten die Zusammenhänge zwischen Spiritualität, Achtsamkeit und Gesundheit sowie die Erforschung von unspezifischen Therapieeffekten und komplementärmedizinischen Verfahren.

Wetzel, Helmut, geb. 1946, Dr. phil., Dipl-Psych., Kinder- und Jugendlichenpsychotherapeut, Systemischer Familientherapeut, Supervisor und Lehrtherapeut; ist Leiter der Kinder- und Familienambulanz des Instituts für Psychologie, Universität Freiburg i. Br. Arbeits- und Forschungsschwerpunkte sind Klinische Entwicklungs- und Familienpsychologie, qualitative Therapieforschung. Er praktiziert seit 1999 in der Tradition von Master Trung Quang Nhat Hanh, 42. Generation der Lam Te Dhyana Schule.

Spirituelles Leben

Michael von Brück / Willigis Jäger / Niklaus Brantschen
Wie Zen mein Christsein verändert
Erfahrungen von Zen-Lehrern · Hg. von Michael Seitlinger
Band 5499
Viele Christen üben Zen, bleiben aber Christen. Bekannte Zen-Lehrer erzählen von ihrer persönlichen Erfahrung.

Spirituell leben
Haltungen – Übungen – Inspirationen · Hg. von Gabriele Hartlieb
Band 5699
Achtsam sein für Haltungen und Einstellungen: Übungen und Impulse für den Alltag helfen, die Sinne zu schärfen, Sinn zu finden, innezuhalten.

Silvia Ostertag
Erleuchtung und Alltag
Erfahrungen einer Zen-Meisterin. Im Gespräch mit Michael Seitlinger
Band 5897
Eine bekannte Zen-Meisterin stellt sich den Fragen eines Übenden und gibt lebensnah und authentisch Antworten.

Was soll ich glauben? – Die Weltreligionen
Informationen, Gründe, Einblicke · Hg. von Jan Ross
Band 5989
Über sechs Weltreligionen und über den Unglauben: die ZEIT-Serie, ergänzt und erweitert.

Willigis Jäger
Geh den inneren Weg
Texte der Achtsamkeit und Kontemplation
Band 5999
Willigis Jäger hat hier eine Textauswahl mit überkonfessionellem Charakter zusammengestellt, die auch in seinen Kursen gelesen und rezitiert wird.